트랜스젠더 차별과 해방

국립중앙도서관 출판예정도서목록(CIP)

트랜스젠더 차별과 해방 / 지은이: 로라 마일스 외 ; 엮은이
 : 정진희. -- 서울 : 책갈피, 2018
     p. ;   cm

원저자명: Laura Miles
참고문헌 수록
ISBN 978-89-7966-132-3 03330 : ₩9000

성전환자[性轉換者]
권리 보호[權利保護]

334.226-KDC6
306.76-DDC23   CIP2018001277

트랜스젠더 차별과 해방

로라 마일스 외 지음 | 정진희 엮음

책갈피

트랜스젠더 차별과 해방

지은이 | 로라 마일스 외
엮은이 | 정진희
펴낸곳 | 도서출판 책갈피

등록 | 1992년 2월 14일(제2014-000019호)
주소 | 서울 성동구 무학봉15길 12 2층
전화 | 02) 2265-6354
팩스 | 02) 2265-6395
이메일 | bookmarx@naver.com
홈페이지 | http://chaekgalpi.com

첫 번째 찍은 날 2018년 1월 17일
세 번째 찍은 날 2021년 9월 13일

값 9,000원

ISBN 978-89-7966-132-3
잘못된 책은 바꿔 드립니다.

차례

일러두기

1. 인명과 지명 등의 외래어는 최대한 외래어 표기법에 맞춰 표기했다.

2. 《 》부호는 책과 잡지를 나타내고 〈 〉부호는 신문, 주간지, 영화, 텔레비전 프로그램, 노래를 나타낸다. 논문은 " "로 나타냈다.

3. 본문에서 [ ]는 옮긴이가 독자의 이해를 돕거나 문맥을 매끄럽게 하려고 덧붙인 것이다. 지은이가 인용문에 덧붙인 것은 [― 지은이]로 표기했다.

4. 본문의 각주는 옮긴이가 넣은 것이다.

5. 원문에서 이탤릭체로 강조한 부분은 고딕체로 나타냈다.

엮은이 머리말

트랜스젠더는 오늘날 사회에서 유난히 천대받는 사람들에 속한다. 서구 자본주의 사회, 특히 2015년 동성 결혼이 전국적으로 합법화되고 성소수자의 권리가 신장됐다는 미국을 봐도 이점이 두드러진다. 미국의 성소수자 인권단체 '휴먼라이츠캠페인'은 2017년에 살해당한 트랜스젠더의 수가 2013년 이래 최고치를 기록했다고 발표했다.

이뿐만이 아니다. 미국 트랜스젠더의 3분의 1이 직장에서 성별을 이유로 해고당하거나 승진을 거부당했다. 많은 트랜스젠더 청소년이 가족에게 외면당하고 학교에서 배척당한다. 트랜스젠더 성인 10명 중 4명이 자살을 시도하는데, 대부분 25세 이전에 목숨을 포기하려 한다.

트랜스젠더는 대부분 경제적으로도 열악한 조건에 처해 있는

데, 흔히 차별과 빈곤이 결합돼 트랜스젠더의 삶을 더욱 힘겹게 한다. 트랜스젠더의 실업 비율은 미국 전체 실업률의 2배에 육박한다.

영국에서도 상황은 비슷하다. 트랜스젠더 혐오 범죄가 지난 5년 동안 3배로 증가한 반면 기소율은 도리어 떨어졌다. 2016년에 트랜스젠더 피고용인 중 3분의 1 이상이 차별 때문에 직장을 떠나야 했다. 〈가디언〉은 10대에서 20대 초반의 트랜스젠더 학생 가운데 거의 절반이 자살을 기도했다고 보도했다(2017년 6월 27일 자). 임금 삭감과 복지 축소 등 긴축정책은 트랜스젠더에게 특히 큰 타격을 주는데, 우파와 일부 자유주의자는 트랜스젠더에 대한 공포를 부추기며 이런 삭감을 정당화한다.

한국 트랜스젠더의 법적 권리 보장 수준은 (다른 성소수자와 마찬가지로) 미국이나 영국보다 더 열악하다. 국내 트랜스젠더의 삶은 대체로 이들 나라 못지않거나 더 나쁘기도 한 듯하다. 2014년 '한국LGBTI커뮤니티 사회적 욕구조사' 결과를 보면, 트랜스젠더 중 물리적 폭력이나 괴롭힘을 당한 경험이 있다고 응답한 사람이 58.6퍼센트였고, 자살을 시도한 경우도 48.2퍼센트나 됐다. 2017년 김승섭 고려대 보건정책관리학부 교수팀이 트랜스젠더 278명을 대상으로 한 조사에서도 40퍼센트가 넘는 트랜스젠더가 자살을 시도했다고 답했다.

트랜스젠더가 끔찍한 사회적 조건에 처해 있으면서 비극적

소식이 끊이지 않는 한편, 트랜스젠더의 존재와 활동이 국내외 모두에서 갈수록 가시화하고 있다. 스스로 트랜스젠더라고 당당히 밝히는 사람들이 늘어나고 있고 트랜스젠더 단체나 활동가도 더욱 눈에 띈다.

성에 대한 태도가 크게 바뀌면서 트랜스젠더에 개방적인 태도를 보이는 사람들이 특히 젊은이들 사이에서 많고, 이와 더불어 트랜스젠더 차별에 대한 저항도 세계적으로 성장하고 있다. 한국에서도 2016년부터 트랜스젠더 추모의 날 행사가 열리는 등 트랜스젠더 차별에 저항하는 목소리가 조금씩 높아지고 있다. 물론 트랜스젠더는 1960년대 말 서구에서 부상한 성해방운동에서 중요한 일부였고, 한국에서도 트랜스젠더는 1990년대에 부상한 성해방운동(흔히 동성애자 운동으로 불린) 속에 늘 있었다.

천대받는 사람들이 스스로 모임이나 단체를 만들어 활동하고, 특히 차별에 맞서 저항에 나서는 것은 무척 반가운 일이다. 트랜스젠더의 권리를 위한 투쟁을 우리 모두 환영하며 함께 단결해 삶의 개선과 해방을 위해 싸워야 할 것이다.

이것이 바로 《트랜스젠더 차별과 해방》의 출간 목적이다. 자신의 성별 정체성이 무엇이든, 불평등과 차별이 없는 사회를 바라는 사람들은 모두 트랜스젠더의 자기 결정권을 지지하며 투쟁에 연대해야 한다. 나아가 차별과 소외가 모두 사라지는 사회를 만들기 위한 운동을 함께 건설해야 한다.

이 책은 대부분 영국의 마르크스주의자들이 쓴 글을 번역했고 한국인 필자가 쓴 글도 하나 포함됐다. 주 필자는 영국의 트랜스젠더 활동가이자 노동조합 활동가, 마르크스주의자인 로라 마일스다. 마일스는 대학 강사 출신으로 대학노조와 영국 사회주의노동자당에서 오랫동안 활동해 왔다. 2015년까지 대학노조 전국집행위원이었는데, 영국(어쩌면 세계) 최초로 노동조합 전국집행위원으로 선출된 트랜스젠더였다. 현재는 대학노조 기금관리 위원으로 전국집행위원회에 참가하고 있다.

1부에는 트랜스젠더 차별의 현실과 뿌리를 분석하며 저항과 해방의 전망을 보여 주는 글을 실었다. 특히 마일스가 2014년에 쓴 "트랜스젠더 차별과 저항"은 선구적인 마르크스주의적 분석 중 하나다. 또 2017년 4월 영국 교원노조 대의원 대회에서 트랜스젠더 권리를 옹호한 역사적인 결의안이 통과된 소식도 담았다.

2부는 트랜스젠더를 둘러싼 국내외 논쟁을 다뤘다. 최근 몇 년 동안 미국·캐나다·영국 등지에서 트랜스젠더의 권리 문제가 첨예한 정치적 쟁점으로 떠올랐다. 특히 영국은 2017년 보수당 정부가 성별인정법 개정 추진을 밝힌 뒤 사회 전체에서 논쟁이 뜨겁게 일어났다. 트랜스젠더에 대한 공포를 부추기는 언론 보도가 잇따르고, 여성운동과 노동운동 내에서 논쟁이 격렬하게 일어나고 있다. 이 개정안은 트랜스젠더가 자신의 성별을 스스로 결정하도록 허용하는 것이 핵심이다.

2부에 실린 마일스의 두 글은 성별인정법 개정안을 둘러싼 뜨거운 논쟁을 다룬다. 두 글에서 겹치는 내용이 일부 있지만, 트랜스젠더 차별의 현실을 무시하거나 배척을 부추기는 여러 논리를 조목조목 반박하면서 왜 트랜스젠더의 권리를 무조건 지지해야 하는지 설득력 있게 주장한다.

한국에서도 트랜스젠더를 배제하는 페미니스트가 일부 있는데, 주로 온라인에서 이런 주장이 많이 나온다. 지난해 11월, 연예인 지망생 한서희 씨(이하 존칭 생략)가 트랜스 여성은 여성이 아니라고 주장해 SNS상에서 트랜스젠더 연예인 하리수 씨 등과 논쟁을 벌인 바 있다. 2부에 실린 양효영의 글은 당시 발표된 것으로, 한서희의 주장을 비판하며 여성해방과 트랜스젠더 해방이 결코 분리될 수 없다고 말한다.

주로 온라인에서 활동하는 일부 근본적 페미니스트는 한서희보다 더 노골적으로 트랜스젠더를 배척하는 주장을 하기도 한다. '워마드'나 '젠더를 깨부수자'가 대표적이다. 가히 트랜스젠더 혐오라고 부를 만한 주장이 사이트나 페이스북에 게시된다.

한국의 일부 트랜스젠더 배제적 페미니스트는 트랜스젠더 배척 주장으로 해외에서 악명 높은 실라 제프리스, 저메인 그리어, 재니스 레이먼드, 줄리 버칠 등의 글을 번역해 SNS에 올리고 자신들이 쓰는 글에 인용한다. 근본적 페미니즘 성향의 신생 출판사 열다북스는 호주에서 2015년까지 교수로 있다가 은퇴 후 영국에서 활동하는 근본적 페미니스트 실라 제프리스의 일부 논문을 번역해서 1월 말에 출간할 예정인데, 이 책에는 2004년 영국의 성별인정법에 반대하며 트랜스젠더를 비판하는 글도 포함돼 있다.

유난히 심한 배척 때문에 많은 트랜스젠더가 자살하는 등 극심한 고통에 시달리는 상황에서 트랜스젠더 혐오를 공공연히 드러내는 제프리스의 주장이 담긴 책이 번역 출간되는 것은 매우 유감스럽다. 《트랜스젠더 차별과 해방》에 트랜스젠더 활동가이자 노동운동가, 마르크스주의자인 로라 마일스가 쓴 최신 논문을 신속히 번역해 싣는 이유다.

마일스는 최근 영국의 좌·우파 모두에서 나오는 트랜스젠더 혐오 또는 비판을 여러 측면에서 날카롭게 반박하며 성별 자기 결정권을 확고히 옹호한다. 그리고 트랜스젠더를 비판하는 일부 페미니스트의 성과 젠더에 관한 생물학적 본질주의를 반박하며 성별 정체성에 대한 대안적 설명을 제시한다.

물론, 마일스가 옳게 지적했듯이 트랜스젠더 배제적 페미니스트는 페미니즘 내 소수다. 해외에서든 한국에서든 그렇다. 그러나 소수의 페미니스트가 보이는 트랜스젠더 배제적(일부는 혐오적인) 태도는 사회에서 가장 천대받는 사람들의 삶을 악화시킬 뿐 아니라, 무엇보다 차별받는 사람들이 단결해 투쟁할 수 있는 힘을 약화시킨다.

따라서 여성해방과 성소수자 해방이 분리될 수 없다고 보는 사람들(마르크스주의자를 포함해)은 사회 전반과 여성·성소수자 운동, 좌파 내에도 존재하는 트랜스젠더 배제적 주장을 무시하지 말고 논쟁을 벌여야 한다(수전 스트라이커의 책《트랜스젠더의 역사》는 1970년대 초부터 나타난 미국의 페미니즘 내 트랜스젠더 혐오가 어떻게 차별에 맞선 운동을 갈가리 찢어 놓았는지 잘 보여 준다).

마르크스주의자들은 차별받는 모든 집단의 자기 결정권을 지지하는 데서 출발한다. 그런데 운동 내 일부 사람들은 트랜스젠더에게도 이런 권리가 있음을 무시하거나 트랜스젠더의 권리를 신장하면 여성의 권리가 침해된다고 잘못 생각한다.

마일스는 여성운동과 좌파 내에도 존재하는 트랜스젠더 차별과 혐오를 예리하게 비판하면서도 그런 주장을 하는 사람들을 모두 지배계급과 동일시하지는 않는다. 또한 일부 트랜스젠더 활동가가 트랜스젠더를 비판하는 사람들(제프리스처럼 대놓고 트랜스젠더를 배척하는 사람일지라도)에게 사용하는 연설 불허 전술이 효과적이지 않다고 지적한다. 그보다는 공개적인 논쟁을 대차게 벌여야 한다고 말한다.

이런 지적은 한국의 반차별 운동과 좌파도 새겨들어야 한다. 진정한 적이 지배계급임을 잊지 않으면서 운동의 단결을 해치는 쟁점을 놓고는 공개적으로 논쟁을 벌여야 한다. 그래야만 차별받는 사람들의 운동이 불필요한 분열로 파편화되고 내향화해 약화되지 않고 더 크고 강력해질 수 있다.

이런 논쟁은 학술 활동과 달리 그 자체가 목적이 아니라 더 크고 강력한 연대를 건설하기 위한 것이다. 치열한 토론과 논쟁의 과정을 통해 사람들의 의식이 바뀌고 성장하게 된다. 트랜스젠더 운동과 여성운동이 단결하고 노동계급 운동 안에서도 트랜스젠더의 권리에 대한 지지가 늘어나고, 나아가 모든 차별과 소외, 착취가 사라지는 사회를 만들기 위한 투쟁이 성장하기를 바란다. 이 책이 이를 위한 토론과 논쟁에 기여하게 되기를 바란다.

마지막으로 연말연시에도 쉬지 않고 로라 마일스의 논문들을 번역해 준 김종환에게 깊이 감사드리고, 일부 글의 번역과 내용 검토에 도움을 준 양효영과 신속히 책을 내 준 책갈피 출판사에도 감사의 인사를 전한다.

2018년 1월 정진희

용어 설명

젠더

영어권에서 흔히 성sex은 생물학적 성으로, 젠더gender는 사회적 성으로 여겨진다. 그런데 생물학적인 것과 사회적인 것은 상호작용하므로 이런 정식화에는 문제가 있다. 마르크스주의는 성과 젠더를 역사유물론적으로 이해하고 이 둘이 변증법적으로 상호작용한다고 본다.

영어권에서 '젠더'는 다양한 방식으로 사용된다. 이 책의 저자 로라 마일스는 젠더가 두 요소, 즉 사회적 영향과 인간의 자아의식이 상호작용하면서 생겨난다고 설명한다. 젠더는 사회마다, 역사적 시기마다 매우 다양하다.

* 젠더는 가능한 성별로 번역했고 문맥을 고려해 그대로 쓰기도 했다.

젠더 정체성

젠더 정체성은 그저 느낌이 아니다. 또한 단순히 타고나는 것도 아니다. 젠더 정체성은 자신의 성에 대한 내면적 인식, 자신에 대한 사회적 인식, 성별 규범 같은 사회적 요소 등이 매우 복잡하게 상호작용한 결과다. 젠더 정체성은 어느 정도 가변적이지만 인간 내면에 매우 강하게 뿌리내리고 있어 이분법적 성별 구분과 규범에 순응하라는 사회적 압력을 받으면서도 유지되기도 한다.

* 젠더 정체성은 대부분 성별 정체성으로 번역했다.

트랜스젠더

성별 표현, 성별 역할, 성별 정체성 등이 사회의 성별 규범을 벗어난 모든 사람을 뜻한다. 한국에서는 주로 성별 정체성을 강조해 타고난 성과 자신이 인식하는 성이 다른 사람을 일컫는다.

흔한 오해와 달리 모든 트랜스젠더가 수술을 통해 자신의 몸을 바꾸지는 않는다. 수술 등을 해서 신체를 바꾼 트랜스젠더도 있지만 수술은 거부하고 호르몬 요법만 원하는 트랜스젠더도 있고, 의료적 조처를 원하지 않는 트랜스젠더도 있다.

트랜스섹슈얼

제2차세계대전 이후 의학적 진단 용어로 사용되기 시작했고, 해리 벤저민의 책《트랜스섹슈얼 현상》이 출간된 1966년 이후에 의학적·사회적 분류법으로 인정받아 개인의 정체성을 표현하는 데 사용됐다.

흔히 트랜스젠더 가운데 수술 등 의료적 조처로 신체를 바꾸었거나 바꾸려는 사람을 지칭한다. 오늘날에는 수술 여부와 상관없이 '트랜스젠더'를 더 많이 쓴다.

트랜스베스타잇 / 크로스드레서

두 용어는 같은 뜻으로 모두 이성의 옷을 입는 사람을 지칭한다. 트랜스베스타잇은 가로지르다 cross의 라틴어 trans와 복장 dress의 라틴어

vestitus를 조합해 만든 용어다.

트랜스베스타잇은 1910년 독일의 성과학자이자 독일 사회민주당 당원이었던 마그누스 히르슈펠트가 동성애자와 트랜스젠더를 구분하기 위해 사용한 용어다. 그러나 정신 질환 진단명인 '트랜스베스틱 페티시즘' 때문에 성애적 쾌락을 위한 이성 복장 착용을 연상시킨다. 한국에서는 최근까지도 '복장 도착자'라는 부정적 용어로 번역됐다.

오늘날에는 대체로 크로스드레서를 사용한다. 크로스드레서의 성적 지향과 성별 정체성은 다양할 수 있다.

드랙퀸 / 드랙킹

드랙이란 흔히 연극이나 퍼포먼스를 위해서 이성의 옷을 입고 분장하고 이성처럼 행동하는 것을 일컫는다. 특히 '여성성', '남성성'을 과장되고 연극적으로 표현하는 경우가 많다. 이들은 일상에서 이성의 옷을 입는 크로스드레서와는 다르다. '여성적' 복장을 입고 여성처럼 행동하는 남성을 드랙퀸이라 칭하고, '남성적' 복장을 입고 남성처럼 행동하는 여성을 드랙킹이라고 칭한다.

젠더퀴어 / 논바이너리

젠더퀴어와 논바이너리는 매우 포괄적 개념으로 이분법적 성별 규정을 벗어나 자신의 성별 정체성을 규정하는 사람을 뜻한다. 성별이 남녀로 나뉜다는 것을 거부하는 취지에서 사용한다. 트랜스젠더라는 용어가 성별 이분법을 따른다고 여겨 젠더퀴어를 선호하는 트랜스젠더도 있다.

젠더플루이드

성별 정체성이 고정되지 않고 유동적인 사람을 뜻한다.

간성

여성과 남성의 신체적 특징을 동시에 지녀 여성이나 남성으로 규정할 수 없는 사람을 뜻한다. 염색체와 성기 모양이 다르거나 난소와 정소를 모두 가지고 있는 등 간성의 형태는 다양하다. 이런 특징은 태어난 후 바로 확인될 수 있지만, 2차 성징이나 그 이후에 발현되는 경우도 있다.

간성과 트랜스젠더가 이분법적 성과 젠더 개념에 도전하기 때문에 흔히 같이 언급되지만 이 둘은 다른 개념이다. 자세한 내용은 36~38쪽을 보시오.

시스젠더

타고난 성과 성별 정체성이 일치하는 사람을 지칭한다. 트랜스젠더의 상대어다.

1부
트랜스젠더
차별과 저항

트랜스젠더 해방을 위한 투쟁

로라 마일스

적지 않은 나라에서 동성 결혼이 합법화되는 등의 진전이 있었지만, 성소수자에 대한 혐오, 편견, 적개심을 가진 사람은 여전히 존재한다. 미국의 지배계급은 올해[2016년] 6월 올랜도 게이 클럽에서 대학살이 벌어졌을 때 짐짓 분노하는 척했지만 정작 미국의 30개가 넘는 주에는 성소수자 차별금지법이 없다.

자본주의 사회에서 트랜스젠더는 혐오에 의한 차별·폭력·살인에 매우 자주 노출된다. 1998년 트랜스 여성 리타 헤스터가 살해당한 후 활동가들은 매년 11월 20일에 트랜스젠더 추모의 날 행사를 연다. 이 행사에서는 해마다 혐오 폭력으로 목숨을 잃은 트랜스젠더의 이름을 낭독한다. 올해 11월 낭독될 이름 중

출처: "The fight for transgender liberation", *Socialist Review* 416(Sep, 2016).

에는 한데 카데르도 있다. 카데르는 터키의 트랜스 여성 활동가이자 '성 노동자'였는데, 올해 7월 강간당한 후 불에 타 죽었다. 터키 경찰이 2년째 이스탄불 자긍심 행진을 금지하고 공격한 직후에 벌어진 일이었다.

지난해에는 전 세계에서 살해당한 트랜스젠더 81명을 추모했는데, 이 수치는 실제 사망자보다 분명 적을 것이다. 미신고 살인도 많을 뿐더러 피해자의 성별이 제대로 파악되지 않은 경우도 많다. 일부 지역에서는 이 같은 살인이 트랜스젠더 혐오 범죄로 인정되지 않아 집계조차 되지 않는다. 2015년 미국에서는 트랜스 여성 20여 명이 살해당했다. 이는 역대 최고 기록으로 2014년의 갑절에 가까운 수치다. 그 다음으로 피해가 많이 발생한 곳은 멕시코였다. 멕시코에서뿐 아니라 라틴아메리카 전역에서 끔찍할 정도로 많은 살해와 자살 사건, 트랜스젠더 혐오 폭력과 범죄가 발생했다.

여러 나라에서, 특히 젊은 사람 사이에서 동성애자와 양성애자에 대한 인식이 상당히 개선됐다. 그러나 여러 연구 결과를 보면, 트랜스젠더는 여전히 차별, 괴롭힘, 학대, 따돌림에 시달린다.

그래서 [영국의] '여성·평등 의회 위원회'는 2016년에 트랜스젠더 평등 보고서를 발행해 "트랜스젠더가 일상적으로 경험하는 고강도의 혐오"를 해결하기 위한 30가지 방안을 제시한다. 그중에는 트랜스젠더가 사법 체계 안에서 어떤 대우를 받는지 조사해야 한다는 항목도 있다. 2015년 말 트랜스 여성 비키 톰프슨과 조앤 레이섬이 남성 교도소에서 비극적으로 죽은 사건은 교정 시설 안의 트랜스젠더 혐오가 얼마나 심각한지를 분명히 보여 줬다.

"트랜스젠더의 정신 건강과 정서적 안녕에 대한 연구"를 보면, 트랜스젠더의 81퍼센트가 두려움 때문에 공중화장실이나 체육 시설 이용을 꺼린다. 90퍼센트는 트랜스젠더가 비정상이라는 말을 들은 적이 있다고 답했다. 38퍼센트는 성추행을 경험했고 6퍼센트는 강간 피해 경험이 있다. 37퍼센트는 물리적 위협을 받았고 19퍼센트는 실제로 물리적 공격을 당했다. 88퍼센트는 우울증을 겪었거나 겪고 있고, 53퍼센트는 자해 경험이 있으며, 35퍼센트는 적어도 한 번은 자살을 시도했다.

자산이 많거나 부유한 소수 트랜스젠더는 커밍아웃에 따르는 곤경을 잘 이겨낼 수 있지만, 대다수 트랜스젠더는 심각한 스트레스와 트라우마를 겪는다. 계급도 중요한 요인이다. 권투 시합 기획자 켈리 몰로니처럼 언론에 나와 "임대료 수익으로 성전환 수술비 10만 파운드를 낼 수 있었어요" 하고 으스댈 수 있는 트랜스젠더는 많지 않다.

일부 나라의 상황은 최근에 오히려 악화했다. 지난 4월 영국의 방송 프로그램 〈처음 만난 세계〉는 말레이시아의 트랜스젠더가 겪는 심각한 차별과 괴롭힘·학대를 다뤘다. 말레이시아 당국은 트랜스젠더가 이슬람에 어긋난다고 공표했다. 또한 2014년 러시아 의회는 러시아정교회의 지지를 등에 업고 트랜스젠더의 운전을 금지했는데, 트랜스젠더는 정신 질환자라는 이유에서였다. 이런 조처는 편견에 찌든 폭력배와 파시스트가 성소수자를 색출해 공격하는 것을 정당화하고 고무하는 결과를 낳는다.

대다수 아프리카 나라에서 동성애는 불법이고 트랜스젠더는 멸시받으며 폭력적 억압에 시달린다. 최근 우간다에서는 성소수자에게 중형을 선고할 수 있는 끔찍한 법이 제정됐다. 이 가운데 일부는 미국의 기독교 근본주의 단체와 연결된 종교 단체가 사주한 것이다. '동성애와 성별 전환은 서방에서 건너온 기행이고 서방 제국주의가 들어오기 전까지 아프리카에는 없었다'는 거짓말도 흔히 동원된다. 동성애 혐오와 트랜스젠더 혐오가 반제국주의와 민족주의로 포장되는 것이다. 저술가이자 트랜스젠더 활동가인 레슬리 파인버그는 이와 같은 역사 왜곡을 통렬히 반박했다. 성별 전환과 동성애는 서방의 침략 이전부터 이미 아프리카에 흔한 일이었다는 것이다.

세계적 상황이 이런 만큼, 다양한 피억압 집단, 노동조합, 좌파 조직을 아우르는 연대와 집단적 저항이 매우 절실하다. 그런 의미에서 올해 6월 [영국에서] 소규모의 근본적 페미니스트 그룹이 '여성·평등 의회 위원회'의 트랜스젠더 평등 조사 세션에서 시위를 벌인 것은 매우 유감스러운 일이다. 이들은 트랜스 여성이 여자 화장실과 탈의실을 사용하지 못하게 해달라고 요구했다. 이런 요구는, 트랜스 여성은 '진정한' 여성이 아니라고 보는 일부 재생산 권리 활동가와 근본적 페미니즘의 주장을 반영한 것이다. 저명한 페미니스트 저메인 그리어, 줄리 빈델, 실라 제프리스가 이런 주장을 펼친 바 있다.

최근 논쟁은 대체 '여성'의 정의가 무엇인지로 확대됐다. 남아 프리카공화국의 캐스터 세메냐가 리우 올림픽의 800미터 달리기에서 우승하자 인종차별, 여성 비하, 동성애 혐오, 간성에 대한 반감이 뒤섞인 굉장히 역겨운 편견이 쏟아졌다. 2015년 캐사 폴릿이 미국 주간지 〈더 네이션〉에 기고한 기사 "낙태는 누가 하는가"는 용어와 정의를 둘러싼 격렬한 논쟁을 촉발했다. 이 논쟁은 정체성 정치가 미치는 분열적 영향을 극명하게 보여 줬다. 정체성 정치는 자본주의 하에서 벌어지는 투쟁의 핵심적 측면이 계급이라는 것을 부정한다.

미국에서는 트랜스젠더의 공중화장실 사용이 커다란 화두가 됐다. 2015년 노스캐롤라이나주에서는 트랜스젠더가 성별로 구분된 화장실을 사용하는 것이 금지됐다.* 다른 주에서도 편견에 찌든 사람들이 비슷한 입법을 요구하고 있다.

트랜스젠더 혐오에 따른 이런 행동은 단지 편견이나 그릇된

---

* 지속적이고 광범한 반대 덕분에 이 법은 2017년 3월에 철회됐다.

생각에서 비롯한 것이 아니다. 트랜스젠더 혐오는 세심하고 정치적으로 조직된다. [미국] 앨런 시어스의 자유수호동맹 같은 조직은 성소수자 권리 보장에 반대하기 위해 수임료가 비싼 변호사와 로비스트를 고용한다. 그들은 주법이나 연방법의 허점을 샅샅이 찾아내 트랜스젠더·동성애자·양성애자를 차별하는 민간·공공 단체의 행태를 정당화하려고 애쓴다. 그들은 트랜스 여성이 사실은 여장 남자고 화장실에서 '진정한' 여성에게 못된 짓을 하려 한다고 주장한다. 이것이 트랜스 여성의 여자 화장실 사용에 반대하는 핵심 논리다. 그러나 트랜스 여성이 여자 화장실에서 시스젠더 여성(생물학적 성과 성별 정체성이 일치하는 여성)을 공격한 사례는 단 한 차례도 보고된 바가 없다.

일부 근본적 페미니스트의 트랜스젠더 혐오는 우파에게 쉽사리 이용된다. 이런 주장의 문제는 단지 현실의 트랜스젠더 혐오를 부인한다는 점에 그치지 않는다. 트랜스젠더에게 절실한 연대를 거부하고, 차별에 맞선 집단적 저항을 건설할 잠재력을 갉아먹는다는 점에서 해악적이다.

노스캐롤라이나주에서는 화장실법을 둘러싸고 여성 비하와 트랜스젠더 혐오가 맞물리면서 기괴한 결과를 낳았다. 일부 시스젠더 여성조차 충분히 '여성적'으로 보이지 않는다는 이유로 경찰, 상점 경비원, 트랜스젠더 혐오 세력에게 괴롭힘을 당하는 일이 벌어진 것이다. '먹잇감을 노리는 트랜스 여성'을 억제한다는 명분 아래 시행된 법이, 남성처럼 보이는 시스젠더 여성까지 비난하는 결과를 낳고 있는 것이다. 그리고 화장실법 탓에 트랜스 여성은 여자 화장실을 이용하는 게 더 위험해졌고 스트레스도 커졌다. 현실에서 이런 모욕과 차별에 시달리는 주된 피해자는 언제나 트랜스젠더다.

트랜스젠더는 이런 공격에 맞서기 위해 행동을 조직해 왔다. 예를 들면, 2012년 영국에서 ['전투적' 페미니스트를 자처하는] 줄리 버칠이 트랜스젠더를 공격하는 글을 〈옵서버〉에 기고하자 이를 규탄하는 공동행동이 벌어졌다. 그 칼럼은 트랜스젠더를 혐오하는 우파적 세력이 쓰는 말을 담고 있었다. 버칠을 규탄하는 탄원서에 2만 명이 서명했고, 〈옵서버〉 사무실 앞에서는 편집장의 사과를 요구하는 시위가 벌어졌다. 버칠이 트랜스젠더 혐오 내용을 철회하기를 끝내 거부하자 그 칼럼은 통째로 삭제됐다.

2014년에 트랜스젠더 교사 루시 메도스는 자신을 조롱하는 [보수 언론] 〈데일리 메일〉의 칼럼 때문에 괴로워하다 스스로 목숨을 끊었다. 그녀가 죽은 지 며칠 만에 수만 명이 해당 칼럼니스트를 파면하라는 서명에 참가했다. 그 칼럼니스트는 파면되지 않았지만, 메도스를 지지하는 결의안이 여러 노조에서 통과됐다. 메도스가 속했던 전국교원노조NUT는 그녀의 고향에서 연대 집회를 조직했다.

트랜스젠더는 언제나 성 해방 투쟁의 일부였다. 1969년 스톤월 항쟁과 1960~1970년대의 급진적 정치 운동에서 트랜스젠더는 열의 있게 참가했음에도 충분히 인정받지 못하고 있다. 실비아 리베라나 레슬리 파인버그처럼 혁명가임을 밝히고 억압받는 사람들의 연대를 호소한 투사들의 활약은 더 널리 알려져야 한다.

정치적 양극화 시기에 자본가계급은 투쟁으로 어렵게 성취한 권리를 후퇴시키려고 안간힘을 쓰고 있다. 우리는 동성애자·양성애자·트랜스젠더가 차별에 맞서, 평등한 권리와 해방을 위해 투쟁한 경험에서 배워야 한다. 과거에는 적지 않은 투쟁이 사회주의자, 사회주의 단체와 긴밀한 관계를 맺었다.

동성애 혐오, 트랜스젠더 혐오, 여성 차별은 어디서 일어나든 노동계급이 사용자와 지배계급에 제대로 맞서 싸울 잠재력을 약화시킨다. 우리 편[노동계급]의 분열은 모든 사람의 삶과 사랑을 뒤틀어 버리는 체제에 맞서는 투쟁을 약화시킨다. 다가올 시기에 사회주의자가 전력투구해야 할 과제가 두 가지 있다. 하나는 행동에서 단결을 도모하는 것이고, 다른 하나는 트랜스젠더 혐오를 비롯한 다종다양한 억압의 물질적 근원을 정치적으로 선명하게 제시하는 것이다.

트랜스젠더 차별과 저항

로라 마일스

2013년 7월 미군 병사 브래들리 매닝은 포트 레븐워스 육군 교도소에서 35년간 복역할 것을 선고받았다. 매닝은 미국이 중동에서 벌이는 군사작전에 항의하는 뜻으로 수많은 기밀문건을 위키리크스에 넘겼다.[1] 선고 다음날 매닝은 자신이 어린 시절부터 성별 정체성 문제를 겪었는데 앞으로는 성별을 전환해서 첼시 매닝으로 살 것이라고 밝혀서 세상을 놀라게 했다.[2] 매닝은 향후 수년 동안 미국 군 교도소에서 힘든 기간을 보낼 것이다.[*] 또한 성별 전환에 필요할 수도 있는 의료적 지원을 받기 위해

출처: "Transgender oppression and resistance", *International Socialism* 141(Winter, 2014).

[*] 2017년 1월에 35년형에서 7년형으로 감형됐다. 2010년 5월에 수감됐기 때문에 2017년 5월에 만기 복역으로 석방됐다.

(이를 제공할 법적 의무가 없는 교도소 당국에 맞서서) 힘겨운 싸움을 벌여야 할 것이다.[3]

2013년 초 트랜스젠더 교사 루시 메도스는 성별 전환 과정에 있었는데, 〈데일리 메일〉에 그녀에 대한 모욕적 칼럼이 실리자 스스로 목숨을 끊었다. 해당 칼럼을 쓴 리처드 리틀존은 그녀를 거듭 '그 남성'이라고 표현했고 그녀가 "잘못된 몸 안에 있을 뿐 아니라 … 잘못된 직업을 갖고 있다"고 했다.[4] 메도스의 검시관은 언론의 악의적 관심이 그녀에게 감당할 수 없는 압력을 가했다고 말했다.

2013년 8월 24일, 호주의 20세 트랜스젠더 활동가이자 혁명적 사회주의자였던 앰버 맥스웰은 수년에 걸쳐 트랜스젠더 혐오와 차별에 시달렸고 스스로 목숨을 끊었다.[5] 그녀는 안정적인 일자리와 주거지를 찾을 수가 없었다. 호주의 성소수자를 대상으로 한 설문을 보면, 이들의 자살률은 이성애자보다 3.5~14배 높았다.[6] 2010년에 미국의 '전국 게이·레즈비언 태스크포스'가 트랜스젠더 6450명을 대상으로 실시한 설문을 보면, 응답자의 41퍼센트가 자살을 시도한 적이 있다고 했는데, 이는 전체 인구의 자살률(1.6퍼센트)과 큰 차이가 난다.[7]

영국의 상황도 끔찍하기는 마찬가지다. 2007년 [트랜스젠더 지원 단체] '변화를 위한 압력'이 실시한 '평등 현황 조사'에 응한 트랜스젠더의 73퍼센트는 공공장소에서 폭력 등의 괴롭힘을 경험한 적이 있다고 답했다. 19퍼센트는 성별 재지정에 필요한 의료 서비스를 거부하거나 꺼리는 의사를 만난 적이 있고, 29퍼센트는 트랜스젠더라는 이유로 의사나 간호사에게 치료를 거부당한 경험이 있다. 또한 한 차례 이상 자살을 시도한 트랜스젠더는 충격적이게도 35퍼센트나 된다.[8] 이것은 어린 시절 학대를 겪고 트라우마에 시달리는 사람보다도 곱절이나 높은 수치다. '스코틀랜드 트랜스젠더 연합'과 셰필드 핼럼대학교가 2012년에 진행한 설문에서는 트랜스젠더의 84퍼센트가 자살을 생각했고, 27 퍼센트는 설문 전 주에 자살을 생각했다. 셋 중 한 명은 자살을 시도한 적이 있고, 넷 중 한 명은 한 번에 그치지 않았다.[9]

이런 연구와 사례는 트랜스젠더가 흔히 겪는 제도적·사회적 혐오가 매우 심각한 수준임을 보여 준다. 자본주의는 트랜스젠더에게 형식적·법적 권리를 제한적으로 보장하지만 이것은 사회주의자가 정의하는 해방에는 한참 못 미친다. 다른 권리와 마찬가지로 트랜스젠더 권리도 지배계급이 용인하는 범위 안에서만 보장된다.

사회주의자가 트랜스젠더 혐오를 포함해 온갖 차별 문제에 어떻게 맞서 싸울 것인지는 결코 추상적 문제가 아니다. 이것은 트랜스젠더 등 차별받는 사람들과 어떻게 함께할 것인지의 문제이고, 차별받는 사람들이 대중적이고 단결된 노동계급 운동을 건설하는 데 동참하도록, 궁극적으로는 자본주의를 전복하

고 사회주의 사회를 건설하는 데 나서도록 어떻게 설득할 것인
지의 문제다.

용어[*]

좌파를 포함해 많은 사람은 트랜스젠더 관련 용어를 낯설어
할 것이다. 젠더와 관련한 다양한 욕망과 욕구를 이해하기 어려
울 수도 있다. 또한 트랜스젠더를 어떻게 불러야 편견 없이 들릴
지 모를 수도 있다. 쉬메일she-male, 히메일he-male, 트래니tranny, 젠
더벤더gender bender 같은 표현은[**] 트랜스젠더가 아주 불쾌하게 여
긴다. '트랜스'나 '트랜스젠더' 같은 표현은 사용 가능하지만 수
식어로만 쓰여야 하고 그 자체가 명사형으로 쓰여서는 곤란하
다. 사람을 지칭할 때는 트랜스젠더인이라고 불러야지 '트랜스'
나 '트랜스젠더'라고 불러서는 안 된다.[***] 일반적으로 트랜스젠더
를 인칭대명사로 지칭할 때는 그(녀) 자신이 표현하려는 성별에

---

[*] 영어권에서 사용하는 트랜스젠더 관련 용어를 설명하고 교정하는 내용이
라 일부는 한국어에 맞지 않을 수 있다.

[**] 모두 트랜스젠더를 모욕하는 속어다.

[***] 한국에서는 트랜스젠더가 흔히 쓰이고 당사자가 스스로 트랜스젠더라는
표현을 쓰므로 transgender person을 트랜스젠더로 옮겼다.

따라 '그'와 '그녀' 중 하나를 택한다. 이름도 그(녀) 자신이 선택한 이름을 불러야 한다(예전 이름을 알고 있다고 해서 그 이름을 부르면 안 된다). 트랜스젠더를 과거 성별에 따라 그 또는 그녀라고 부르는 것은 매우 모욕적이다. 물론 대다수 트랜스젠더는 자신의 오랜 지인이 종종 이런 실수를 해도 이해할 것이다. 누군가의 성별이 헷갈리거나 선호 호칭을 모를 때는 당사자에게 조심스럽게 묻는 게 가장 좋은 방법이다.

오늘날 [영국의] 대다수 노동조합은 작업장에서 트랜스젠더의 권리를 보장하는 표준안을 갖고 있는데, 여기에는 트랜스젠더 쟁점에 대한 일반적 지침이 실려 있어 트랜스젠더를 대변하는 데 유용하다. 영국 노총TUC은 '젠더 트러스트 온라인'의[10] 지침을 배포하고, '변화를 위한 압력'[11] 등 다양한 단체는 유용한 트랜스젠더 용어 사전과 정보, 조언을 제공한다.

트랜스젠더 용어는 (언어 일반이 그렇듯이) 계속해서 변하기 때문에 어려울 수 있다. 새로운 용어가 생겨나거나 기존 용어의 의미가 달라지기도 한다. 예컨대, 트랜스젠더의 연관어로 타고난 성과 젠더 정체성이 일치하는 사람을 지칭하는 '시스젠더' 또는 '시스'라는 단어가 등장했다. '시스젠더'는 '트랜스젠더'의 반의어다. 일부 트랜스젠더는 시스젠더보다 여전히 '스트레이트' 나 (더 흔하게는) '성별 규범적'이라는 표현을 쓴다.

'트랜스섹슈얼'은 제2차세계대전 이후 의학적 진단 용어로 사용되기 시작했는데, 이것은 미국정신의학회가 발간한 (정신과 의사의 성서라 할 수 있는)《정신장애 진단·통계 편람》에서 정의한 '성 주체성 장애Gender Identity Disorder'를 가진 사람을 지칭했다. 오늘날에도 '트랜스섹슈얼'은 '트랜스젠더'보다 의학적 어감이 더 강하다.《정신장애 진단·통계 편람》최신판(2013년 5월에 출판된 5판)은 '성 주체성 장애' 대신에 (개인이 내면적으로 인식하는 성별 정체성과 타고난 성이 일치하지 않음을 뜻하는) '성별 위화감Gender Dysphoria'을 사용했는데, 이는 성별 정체성에 대한 관점이 바뀌고 있음을 보여 주는 것이다.[12] 현재 국민보건서비스NHS에서 성별 확정에 필요한 의료 서비스(한때 '성전환sex change' 수술이라고 불렸다)를 받으려면 '성별 위화감' 진단서가 필요하다.

'트랜스젠더'나 '트랜스'의 의미는 상당히 포괄적이다. 성별 이분법을 벗어나 자신의 성별을 표현하고 그 성별에 따라 행동하고 욕구를 느끼는 사람을 모두 포함한다(성별 전환 수술을 원할 수도 있지만 아닐 수도 있다). 드랙퀸, 드랙킹, 크로스드레서, 젠더퀴어 등이 그런 경우다. 성별 전환을 한 사람은 MTF(남성에서 여성으로)나 FTM(여성에서 남성으로)으로 불릴 수 있다.

그러나 일부 트랜스젠더는 이런 이분법을 거부하고 대신 '젠더퀴어'[13], 젠더다이버스, 퀴어를 선호할 수 있다. 그렇지만 일부 트랜스젠더는 퀴어라는 말이 과거에 동성애 혐오와 연관된 데다 언어를 바꾼다고 사람들의 생각이 바뀌지는 않는다는 것을 알기 때문에* 퀴어라는 단어 사용을 꺼린다. 대다수 노동조합은 평등 관련 기구의 명칭에 퀴어라는 표현을 쓰지 않는다.

언론은 성별 전환을 언급할 때 대부분 '성전환sex change'이나 '성교체sex swap'라고 부르는데, 이는 부정확하고 선정적인 표현이다. 트랜스젠더는 '성별 재지정gender reassignment'이라는 표현을 많이 썼고 최근에는 '성별 확정gender affirmation'이라는 표현을 대체로 선호한다.

젠더 다양성

최근 몇 년 동안 도움을 요청하는 트랜스젠더가 늘었는데, 특히 아동과 청년이 크게 늘었다. 2012년 영국에서 접수된 요청은 약 600건이었는데, 이것은 그 전 몇 해를 합친 것보다 곱절 이상 많은 것이다.

2009년 '젠더 정체성 연구와 교육 협회GIRES'의 설문에 따르면

---

* '퀴어'는 원래 성소수자를 비하하는 말이었으나, 일부 성소수자는 언어의 의미를 바꿔 사회를 바꿀 수 있다는 생각으로 자신을 긍정적으로 가리킬 때 단어 '퀴어'를 사용한다.

영국의 젠더 정체성 클리닉은 해마다 1500~1600건을 접수하고 이 수치는 연평균 15퍼센트씩 늘고 있다.[14] 지금까지 트랜스젠더 수천 명(모두 성별 확정 수술을 받은 것은 아니다)이 2004년에 만들어진 성별인정법GRA의 혜택을 누렸다. 성별인정법은 트랜스젠더의 기초권을 일부 보장하고 (특정 조건을 충족하면) 성별 인증서를 발급했다(성별 인증서는 출생증명서를 새로 발급받을 권리를 부여하고 트랜스젠더의 성별 이력이 드러나지 않도록 하려고 도입됐다).

트랜스젠더의 수는 동성애자와 양성애자보다 분명 적지만 전 세계적으로 수백만 명에 달하고 지난 수십 년간 점점 더 많은 트랜스젠더가 자신을 드러내고 있다. '젠더 정체성 연구와 교육 협회'는 영국의 트랜스젠더를 50만 명이라고 추산한다(이 수치는 남성과 여성으로 전환한 트랜스젠더의 비율이 비슷하다고 전제하고, 트랜스섹슈얼, 정기적·부정기적 크로스드레서, 드랙퀸, 드랙킹, 성별 이분법을 벗어나 자신을 표현하는 사람 등을 포함하는 것이다). 인구 10만 명당 약 600명이다. 상대적 비중은 낮지만 절대적 규모는 상당히 크다.

흔한 편견과 달리, 모든 트랜스젠더가 성별 전환을 위한 의료적 조처를 원하는 건 아니다. 전혀 그렇지 않다. 많은 트랜스젠더는 신체를 바꾸지 않아도 젠더를 표현할 수 있다고 생각한다. 수술은 거부하고 호르몬 요법만 원하는 트랜스젠더도 있다.

젠더와 관련한 다양한 욕망과 행동의 원인을 이 짧은 글에서 자세하게 검토하기는 어렵다. 온갖 분야에서 이에 대한 의견을 쏟아내고 있다고 말하는 정도면 충분할 듯하다. 그중에는 출생 전 호르몬 반응의 과잉 또는 결핍, 각종 유전자 변형, 두뇌 '이상', 부모와의 불완전한 유대, 부모와 자식 간의 무의식적 갈등이 적절히 해소되지 못한 것(프로이트주의자들이 언제나 애호하는 설명), 농약 부작용도 있다. 종교나 천년왕국설을 믿는 이들은 만연한 도덕적 타락을 원인으로 보고 심지어 종말의 징후로 보기도 한다. 종말론에 따르면 어차피 우리가 할 수 있는 게 별로 없으므로, 이 글에서 나는 트랜스젠더 차별의 정치학에 집중할 것이다.

트랜스젠더, 간성, 성적 지향

아기가 태어나면 의사와 간호사는 아기의 성기 모양을 보고 성별을 판별한다. 아기의 염색체가 XX(여성), XY(남성) 또는 그 외의 것인지 검사하지 않는다. 그러나 인간을 포함한 자연 세계에는 생물학적 양성 구분에 변칙과 예외가 있고, 이것은 흔히 생각하는 것보다 더 자주 일어난다.[15] 사람은 실제로 간성의 특징을 꽤 다양하게 갖고 태어날 수 있다. 과거에는 이런 사람을

'자웅동체'라고 불렀는데, 이는 부정확하고, 모욕적이고, 시대에 뒤떨어진 표현이다. 이런 의학적 상태는 [염색체는 XY지만] 남성 호르몬 안드로겐이 기능하지 않거나, 외부 생식기가 염색체나 유전자와 일치하지 않거나, 그 밖에 다양한 생물학적 원인이 작용한 결과일 수 있다.

그러나 자본주의 사회의 의학계는 대체로 이런 변이를 포용하지 않는다. 의사들은 온갖 복잡한 기술을 동원해 간성이 양성 분류에 들어맞도록 수술이나 호르몬 투여(또는 둘 다)를 하는데, 당사자에게는 선택의 기회조차 없는 경우가 허다하다. 다시 말해, 나중에 되돌리기 어렵거나 아예 불가능한 조처를 신생아를 상대로 하는 것이다. 많은 간성과 간성 단체는 이런 행위는 아무리 좋게 포장해도 부당한 권리 침해고 심한 경우는 성기 훼손이라고 말한다.[16]

그러나 트랜스젠더와 간성은 다르다. 염색체나 내분비계 불일치 같은 생물학적 특징을 보이는 트랜스젠더는 극히 드물다. 최근에 일부 연구자는 남성에서 여성으로 전환한 트랜스섹슈얼의 두뇌에서 구조적 차이를 발견했다고 주장했다.[17] 트랜스 여성과 유전적 여성 두뇌의 매우 쪼그마한 영역(시상하부나 다른 부위)에 공통점이 있다는 것이다. 많은 트랜스젠더는 이런 가능성을 매우 우호적으로 받아들인다. 그러나 남녀 차이에 관한 이런 근거는 설득력이 약하고 많은 반론에 부딪혔다.

일부 연구자는 사망한 트랜스섹슈얼의 두뇌를 조사해 차이점을 발견했다고 주장한다. 이런 신경계 전문가의 연구를 살펴볼 때 주의할 점은 우선 표본의 수가 작다는 것이고, 많은 대상자(대체로 트랜스 여성)가 죽기 전까지 상당 양의 에스트로겐[여성 호르몬]을 복용했다는 것이다. 더 중요한 점은 기능적 자기공명영상fMRI이나 양전자방출단층촬영PET 등을 이용해 특정 두뇌 부위의 물리적 차이를 알아낸다고 해서 인간의 행동, 성향, 욕망을 판독할 수 없다는 것이다. 이런저런 자극과 두뇌 활동 사이에 어떤 상관관계가 있다고 해서 그것이 인과관계라는 뜻은 아니다. 분명하게 말할 수 있는 사실은 인간의 두뇌가 매우 복잡하고, 통합적이며, 끊임없이 적응하고 변화한다는 것이다.[18]

성별 정체성과 성적 지향

성적 지향(자신이 누구에게 성적 매력을 느끼는지)과 성별 정체성을 구별하는 것은 아주 중요하다. 이 둘의 개념과 행위는 다르다. 과거에는 대다수 성과학자, 활동가, 의사가 성별 정체성과 성적 지향을 전혀 구별하지 않았다. 게이 남성은 무조건 여성스럽고 레즈비언은 무조건 남성적이라는 편견을 담고 있는 온갖 비속어를 생각해 보라. 당연한 말이지만, 트랜스젠더도 동성애자·이성애자·양성애자·무성애자·범성애자일 수 있다.[19] 반대로, 동성애자와 양성애자가 자신의 생물학적 성과 성별 정체성이 불일치한다고 생각하는 건 아니다. 많은 동성애자는 대다수 이성애자와 마찬가지로 자신의 성별 정체성에 만족한다.

그렇지만 성적 지향과 성별 정체성은 밀접하기도 하다. 첫째, 일부 트랜스젠더는 동성애자나 양성애자고, [이런 경우] 성적지향(과 이와 관련된 동성애 혐오)은 그 사람의 성별 정체성(과 이와 관련된 트랜스젠더 혐오)과 상호작용한다.

둘째, 어떤 트랜스젠더가 자신의 성적 지향을 유지하면서(대개 그런다) 성별을 전환하면, 그 사람의 성적 지향은 (타인의 시선으로 보면) 달라진 것이다. 예컨대, 남성 동성애자가 성별을 전환하면 여성 이성애자가 되고 이성애자 여성이 성별을 전환해 트랜스 남성이 된 후에 계속 남성에게 매력을 느끼면 그는 남성 동성애자가 된다. 이렇듯 성적 지향과 젠더는 개념적으로는 구별되지만, 사회적 인식과 반응이라는 측면에서는 분명하게 나뉘지 않는다.

따라서 동성애 혐오와 트랜스젠더 혐오는 연관돼 있다. 이 사실에 대한 인식이 커진 것이 1990년대 이후 레즈비언, 게이, 바이섹슈얼, 트랜스젠더가 LGBT라는 이름으로 뭉쳐 함께 캠페인을 벌이고 공동의 조직을 발전시킨 중요한 요인이었다.[20]

의료 쟁점

지난날 많은 트랜스젠더는 의료 기관과 씨름하면서 어려움을 겪고 가장 큰 스트레스를 받았는데, 이 점은 지금도 마찬가지다. 영국의 경우 트랜스젠더가 국민보건서비스의 지원을 조금이라도 받으려면 담당 정신과 의사와 젠더 정체성 클리닉(턱없이 부족하다)에 자신이 의학적으로 '성별 위화감' 상태에 있다는 것을 납득시켜야 한다. 형식적으로는 국민보건서비스의 지원을 받아 호르몬 요법과 성기 수술을 할 수 있지만, 그러려면 최소 2년 동안 '실제 생활 테스트'를 거쳐야 한다. 즉, 그 기간 동안 자신이 지향하는 성별의 모습으로 사회생활을 해야 한다는 것이다. 이것은 직장, 주거, 대인 관계를 유지하는 데서 엄청난 어려움을 초래할 수 있다. 돈 있는 트랜스젠더는 성기 수술, 호르몬 투여, 성형수술, 전기 분해 치료(유전적 남성이 수염 등 원치 않는 털을 제거하기 위해 [모근 등을 전기로 파괴하는 것]) 등을 민간 서비스로 받을 수 있다. 그러므로 이런 서비스를 지원하는 문제는 매우 계급적 쟁점이다. 많은 나라에는 트랜스젠더가 사용할 수 있는 시설이 거의 없거나 전무하고, 국가가 의료비를 지원하는 경우는 매우 드물다.

그래서 성별 전환을 이행하려는 트랜스젠더는 숱한 난관과 장애물을 극복해야 한다. 그간 정부의 [복지] 예산 삭감으로 진료 대기 시간이 늘어나고 전화 상담 서비스, 노숙인 단체, 성소수자 단체에 대한 지원이 줄었다. 교육 보조금 삭감과 수업료 인상으로 교육의 기회가 축소됐고 주거 보조금도 삭감됐다. 이 때문에 많은 트랜스젠더의 삶은 더 힘겨워졌다.

그렇지만 개선된 점도 있다. 20세기 후반까지 약 100년 동안 서구의 의료 기관은 천편일률적으로 젠더 다양성을 동성애의 한 측면이라고 잘못 여겼다.[21] 동성애도 유전적인 것으로(많은 좌파도 동조했다), 심지어 제3의 성의 증거로 여겼다.

이런 오해는 뻔한 결론을 낳았다. 많은 의사와 정신과 의사는 트랜스젠더의 행동과 욕망을 정신 질환의 증상으로 여겨 그 사람을 정신병원에 가두거나 전기 충격이나 구토 유발 약물을 복용시키는 혐오 요법을 동원해 치료하려 했다. 1960~1970년대까지도 이런 일은 계속 벌어졌다. 대다수 트랜스젠더는 자신의 성별 정체성을 숨기고 억누르며 살아야 했다. 지난 세기에 수많은 트랜스젠더가 의사와 과학자에게 성별 전환 수술(당시 대다수 나라에는 관련 기술이 없었다)을 받을 수 있도록 도움과 조언을 요청하는 가슴 절실한 편지를 읽다 보면 정말이지 억장이 무너진다.[22]

수전 스트라이커는 이 시기에 최초의 동성애자 해방운동(과 여성운동)이 어려움을 겪고 동성애와 다양한 성별 정체성이 치료가 필요한 질환으로 간주하는 세태가 커졌고 법적으로 금지됐다고 설명한다.[23]

19세기 중엽 미국의 캘리포니아주와 뉴욕주 등에서는 성별 옷차림과 심지어 머리카락 길이까지 규제하는 법이 통과됐다. 20세기 전반부에도 이런 규제가 종종 강화됐는데, 이것은 남성만 겨냥한 게 아니라 [20세기 초에 분출한] 제1물결 페미니즘과 여성이 바지를 입고 여성의 권리와 해방을 요구하는 것을 규제하려는 것이었다. 이런 분위기 속에서 충분히 '남성적'이지 못한 남성이 주로 반감에 시달렸지만, 성별 규범에 어긋난 여성도 따가운 시선을 받았다. 생물학적 여성이 들키지 않고 남성으로 지낸('패싱 여성') 사례가 많았고 죽은 뒤에야 생물학적 여성임이 밝혀진 경우도 있었다. 이런 처벌 조항은 비교적 최근까지도 남아 있었고, 특히 크로스드레싱 남성이 범죄자 취급받았다. 성별 규범에 부합하는 옷을 3개 미만으로 입으면 체포될 수 있었다. [국가는] 이런 기준을 내세워 크로스드레서, 드랙퀸 등 다양한 성별 정체성을 표현하는 사람들을 괴롭혔다. 이들의 누적된 좌절과 분노가 1960년대의 분수령이 된 스톤월 반란과 여러 저항을 촉발하는 방아쇠 구실을 했다.

젠더의 사회적 구성

[인간이] 지렁이와 같다면 성과 젠더를 구분할 필요가 없을 것

이다. 그러나 인간만큼 지렁이와 다른 동물도 없을 것이다.

많은 트랜스젠더는 성별 정체성을 매우 본질주의적으로 접근한다. 즉, 성별은 정해져 있고 타고난다는 것이다. '여성의 몸에 들어간 남성의 정신', '남성의 몸에 들어간 여성의 정신' 등이 이런 관점을 담은 표현이다. 트랜스젠더가 쓴 자서전을 몇 장만 넘겨 봐도 이런 구절을 쉽게 발견할 수 있다.[24] 언론도 트랜스젠더를 이런 식으로 조야하게 묘사한다.

이런 관점에서 보면 트랜스젠더는 발달 초기 단계에서 일종의 스위치가 오작동한 것이므로 애초에 정해진 성별로 되돌아가도록 해야 한다. 또한 이런 일은 누구에게나 벌어질 수 있고 당사자가 어찌할 수 없으므로 트랜스젠더를 처벌하면 안 되고, 그들이 원하는 성별로 살아가도록 보장해야 한다. 또한 '성별 위화감' 진단을 받은 사람은 자신이 선택한 성별에 따라 살 수 있도록 호르몬 투여, 성기·성형 수술, 상담 등 적절한 도움을 받을 수 있어야 한다.

사회주의자는 당연히 트랜스젠더가 자신이 선택한 성별에 따라 자유롭게 살 권리를 지지하지만 이런 본질주의적 관점으로 성별 정체성을 바라보면 심각한 문제에 봉착하게 된다. 대안적 관점은 염색체 등 생물학적 성을 피부색이나 눈동자 색 등의 신체적 특징과 비슷하다고 보는 것이다. 대다수 개인의 성별 정체성(자신이 남성인지 여성인지에 대한 내면적 인식)은 그의 생물학적 성에 따라 정해질 것이다. 그러나 트랜스젠더에게는 생물학적 성과 성별 정체성이 불일치하는 것이다.

그렇지만 모든 사람의 젠더(트랜스젠더든 시스젠더든)는 자신을 둘러싼 물질적 환경과 변증법적 관계를 맺으며 사회적으로 구성되고 따라서 어느 정도 가변적이다. 사람들이 자신을 어떻게 규정하고 설명하는지는 변할 수 있고, 이 점은 트랜스젠더도 마찬가지다. 성별 정체성이 가변적인 이유는 이것이 특정한 물질적·역사적·문화적 틀(예컨대, 계급 관계가 지배적인 자본주의 생산양식) 안에서 구성되기 때문이다.

자본주의는 핵가족 이데올로기를 이용해 사람들을 성별 이분법 안으로 욱여넣으려 하고 바로 이런 물질적 조건이 모든 사람의 성 역할과 성별 정체성을 제약하고 뒤틀리게 만든다. 이 때문에 (정도의 차이는 있지만) 우리는 모두 타인과 자신에게서 소외되고 진정한 인간 본성에서 소외된다.[25]

트랜스젠더는 이런 젠더 구속에 저항하려는 동기가 강한데, 이것은 성별 정체성이 (고정불변은 아니지만) 우리 내면에 매우 강하게 뿌리내리고 있음을 보여 준다. 그렇지 않다면, 트랜스젠더는 성별 이분법을 벗어난 행동과 정체성을 버리고 사회화될 수 있었을 것이다. 모든 사람은 태어나는 그 순간부터 젠더에 순응하라는 압력을 받으니 말이다. 그러나 이것은 성별 이분법과 핵가족 구조가 사라진 더 합리적이고 해방된 사회에서는 다양한 젠더 표현과 동거 형태가 가능할 수 있음도 보여 준다.

핵가족 제도는 자본주의의 지속적 이윤 축적에 결정적 구실을 하는데 이 점은 뒤에서 다룰 것이다. 자본주의의 가장 잔인한 점은 억압당하는 모든 사람을 해방할 수 있는 실질적이고 물질적인 잠재력을 갖고 있[는데도 이를 사용하지 않는]다는 것이다. 다시 말해, 이윤을 극대화하는 데 눈먼 지배계급은 세계 인구의 압도 다수가 해방될 기회를 박탈한다.

이런 관점에서 출발해 마르크스주의자는 '트랜스젠더'라는 규정을 '동성애자'와 마찬가지로 사회적 구성물이라고 보고, [그 기원을] 특정한 역사적 시기(둘의 시기는 다르다), 생산양식, 물질적 조건에서 찾을 수 있다. 본질주의적 관점의 문제는 이처럼 변화하는 물질적 환경을 무시하고, 특정 시기에 등장한 관념을 태곳적부터 있었던 것으로 여긴다는 점이다. 다시 말해, 본질주의적 관점은 관념론적이고 비역사적이다. 반면에 마르크스는 특정 사회의 관념은 그 사회가 재화와 필수재를 생산하고 노동력을 재생산하는 물질적 환경에서 생겨난다고 봤다. 물질적 조건이 변하면 그 사회의 지배적 관념도 변할 것이다.

선사시대에서 오늘날에 이르는 매우 많은 사회에 젠더 다양성을 표현하고 그 젠더에 따라 산 사람들이 상당히 있었다는 상세한 기록이 있다.[26] 이런 증거를 기초로 우리는 트랜스젠더 혐오가 역사 내내 존재하지 않았다고 자신 있게 말할 수 있다.

여성·동성애자·트랜스젠더 차별은 [역사의 특정 시기에] 수렵·채집 사회가 부계제 계급사회로 바뀌고 그 후 자본주의와 핵가족이 등장하면서 생겨났고 강화됐다.

트랜스젠더 공동체

일부 사회에는 수백 년 동안 존재한 트랜스젠더 공동체가 있다. 태국의 수많은 카토이가 그런 경우인데, 이들은 흔히 '레이디보이'로 불리고 주로 관광 산업과 성 산업에 종사한다. 또 다른 사례인 인도의 히즈라도[27] 오랜 역사를 자랑하지만 지금은 대체로 사회의 주변적 존재이고 구걸과 성매매를 하면서 생계를 유지하고 있다. 오늘날의 [사회적 분위기는] 이들을 인정하거나 반기는 것이 아니라 그저 묵인하는 수준이다. 주류 사회의 일자리, 주택, 가족 관계에서 배제된 이들의 주변적 지위는 다른 사회에서 더 고립된 채 살아가는 트랜스젠더의 처지를 전형적으로 보여 준다. 그나마 트랜스젠더 공동체가 있으면 말동무를 사귀고 도움을 구할 수 있다.

이렇듯 트랜스젠더가 선택할 수 있는 일자리는 극히 제한적이고 사실상 등 떠밀려 사기 행각이나 성매매, 성 산업에 종사한다.[28] 성매매와 포르노 산업에는 트랜스젠더가 들어갈 수 있는 틈새시장이 있다. 스스로를 이성애자로 규정하지만 트랜스여성을 찾는 남성이 확실히 있고, 이는 이분법적 젠더·섹슈얼리티 구분의 한계를 보여 주는 또 다른 사례일 듯하다.

태국에서는 아주 최근에서야 공개적 트랜스젠더가 다른 직업으로 진출하는 데 성공했다. 2011년 1월 태국의 한 항공사는 카토이 3명을 '제3의 성' 승무원으로 채용했다.[29] 이 사건이 커다란 뉴스거리가 됐다는 사실은 그만큼 그런 경우가 드물다는 것을 말해 준다.

트랜스젠더 혐오

자본주의 사회에서 트랜스젠더는 소수([자신을 드러내는 트랜스젠더가 늘어] 갈수록 눈에 띈다)지만 심한 낙인과 차별에 시달리는 집단이다. 트랜스젠더 혐오는 원치 않는 관심에서 모욕적인 말로 괴롭히기, 고용과 보건·교육 등 사회 서비스상의 차별, 물리적 폭력, 성폭력, 살인에 이르기까지 다양하다.[30] 해마다 전 세계에서 수많은 트랜스젠더가 살해당한다.

트랜스젠더 혐오가 사회에 만연하지만, 트랜스젠더는 단지 피해자나 역사의 부산물이 아니다. 트랜스젠더가 개인적·집단적으로 저항에 나선 감명 깊은 역사도 있고, 오늘날 트랜스젠더 혐오에 맞선 투쟁은 과거의 저항에서 배울 점이 있다.

최근 영국 등 많은 나라에서는 트랜스젠더와 그 밖의 성소수자가 법적 보호를 받고 직장 내에서도 평등한 권리를 누릴 수 있는 등 상당한 진전이 있었다. [성소수자에 대한] 사회적 태도가, 특히 청년들의 태도가 훨씬 우호적으로 바뀌었다. 그러나 트랜스젠더에 대한 태도는 동성애자와 양성애자에 대한 태도에 비하면 훨씬 덜 우호적이다.[31] 1990년대부터 트랜스젠더와 그 밖의 성소수자 조직, 노동조합과 여러 사회단체가 캠페인을 벌인 덕분에 많은 진보적 법이 통과됐고 그중에는 트랜스젠더에게 도움이 되는 성별인정법(2004), 평등법(2010), 동성결혼법(2013)도 있다. 그러나 이런 진전에도 불구하고 트랜스젠더는 여전히 편견에 찌든 개인과 기관의 무시와 적대감에 직면한다.

이런 사례는 쉽게 찾을 수 있다. 2012년 말 [중도 좌파 성향의 영국 일요 신문] 〈옵서버〉는 근본적 페미니즘의 관점에서 트랜스젠더를 공격하는 줄리 버칠의 칼럼을 실었다. 그 칼럼은 편견으로 똘똘 뭉친 우파가 쓰는 질 나쁜 트랜스젠더 혐오 표현을 담고 있었다.[32]

화가 난 사람들과 트랜스젠더 단체는 즉각적으로 항의 행동을 조직했다.[33] 버칠을 규탄하는 서명에 2만 명이 동참했고 〈옵서버〉 사무실 앞에서는 시위가 벌어졌다. 〈옵서버〉 편집부는 사과문을 발표했고, 버칠이 문제를 인정하지 않자 그녀의 칼럼을 웹사이트에서 내렸다. 앞에서 언급한 루시 메도스의 경우 수많은 사람이 리틀존의 해고를 요구하는 서명 운동에 동참했고, 여러 노동조합이 루시 메도스를 지지하는 결의안을 통과시켰다. 교원노조 조합원(사회주의노동자당SWP 소속 조합원을 포함해)은 그녀의 고향에서 연대 집회를 열었다.

아웃팅은 트랜스젠더의 목숨을 위험에 빠뜨릴 수 있다. 브랜던 티나(1993년 미국에서 살해당한 젊은 트랜스 남성)는 현지 경찰에게 아웃팅당하고 얼마 후에 맞아 죽었다.[34] 혐오 범죄 통계에는 몇 가지 문제가 있다. 2007년 전까지 영국 경찰은 트랜스젠더를 겨냥한 혐오 범죄를 따로 집계하지 않았다. 동성애자를 겨냥한 공격으로 분류되는 많은 행위는 더 엄밀하게 따지면 '젠더를 이유로 한 공격'이다. 가해자는 피해자의 외모가 암시하는 젠더('남성적'인 여성, 충분히 '남성적'이지 않은 남성과 소년)를 '퀴어'라고 여겨 공격했다. 마이클 키멜은 다음과 같이 지적한다.

"그건 정말 게이 같다"고 말하는 사람들이 보기에 동성애는, 젠더에 순응하지 않고 '진짜 남자'가 되길 거부하는 것이고, 그래서 게이에 대한 반감은 젠더를 감시하는 손쉬운 수단이 된다. 한 설문조사에서 미국의 대다수 소년은 게이라는 소리를 듣느니 차라리 얼굴을 한 대 맞겠다고 답했다. 어떤 남자에게 그의 행동이나 옷

차림이 "게이 같다"고 말하는 것은 젠더 경찰관 노릇을 하며 벌금 딱지를 끊는 것이다.[35]

경찰과 사법기관의 트랜스젠더 혐오는 충격적일 만큼 심각하다. [트랜스젠더 혐오 사건을] 형식적으로 수사하고 폭력의 원인을 피해자의 '기이한 라이프스타일'로 돌리기도 한다. 실제로 미국 법원은 '트랜스 공황'이라는 가해자의 방어 논리, 즉 상대방이 트랜스젠더라는 것을 알고는 통제할 수 없는 공황 상태에 빠져 살인을 저질렀다는 주장을 종종 인정한다. 성소수자 단체는 이를 강하게 반대하고 있고 2013년 8월 이후 미국변호사협회도 이에 반대하는 목소리를 내고 있다.

'스쿨스 아웃'의 조사에 따르면, 학교와 교육제도 전반에는 (동성애 혐오와 마찬가지로) 트랜스젠더 혐오가 만연하다.[36] 이런 현실은 부분적으로 보수당의 악명 높은 28조(학교에서 동성애에 대한 언급을 완전히 금지한 기회주의적 반동성애 법안) 때문일 것이다. [지방자치법] 28조는 2003년에 폐지됐지만 그 영향력은 여전히 남아 오늘날에도 많은 교사와 사범교육 기관은 섹슈얼리티와 성별 정체성 쟁점을 다루지 않으려 한다.

영국 고등교육 기관을 관장하는 '평등 챌린지 기구'가 2009년에 발표한 보고를 보면, 대학 안에서 트랜스젠더 혐오를 겪은 학생과 직원이 동성애 혐오를 겪은 사람보다 더 많았다.[37]

초창기 트랜스젠더 롤모델

전직 미 해병 크리스틴 조겐슨은 1950년대 초에 성별 전환을 하기 위해 자신이 한 선구적 시도에 대해 썼다.[38] 조겐슨은 최초로 성별 전환 수술을 받았다고 알려지면서 매우 유명해졌다. 그러나 그녀가 최초는 아니었다. 마그누스 히르슈펠트가 독일 베를린에 세운 성과학연구소는 1920년대 후반과 1930년대 초에 (나치에 의해 폐쇄되기 전까지) 관련 수술을 여러 차례 했다.[39] 어쨌든 조겐슨은 처음으로 성별 전환 수술을 받은 미국인이었고 수술과 호르몬 요법을 결합한 최초의 인물이었기 때문에 많은 이들에게 중요한 롤모델이 됐다.

제2차세계대전 이후 성별 전환을 돕는 선구적 의료 전문가가 일부 등장했다. 특히 미국의 해리 벤저민이 두드러지는데, 그는 트랜스젠더를 우호적이고 따뜻하게 대하는 의료진 표본을 제시했다. 당시 의료진의 압도적 다수는 트랜스젠더에 지독하게 적대적이었고 그나마 나은 정도가 트랜스젠더를 무시하는 것이었다.[40]

경제적 상황이 이런 변화에 중요하게 기여했다. (군비 경쟁을 동력으로 한) 장기 호황 덕분에 노동력 수요가 크게 늘어 사실상 완전고용 상태를 이뤘다. 1939~1945년 전시경제를 거치면서 수많은 여성이 임금노동을 하게 됐고, 고등교육 진학률이 전례 없이 증가해 여성의 고등 교육률도 높아졌다. 급속한 경제성장을 배경으로 자본주의는, 1960~1970년대 성장한 대중운동이 제기한 인종·젠더·성 평등 요구를 일부 수용할 수 있었다.

이 시기를 매우 탁월하게 분석한 여러 글은 여성이 이제 임금노동의 상시적 일부이고, 특정 제조업과 서비스업에서 다수를 차지하고, 남성 못지않게 노동조합과 사회주의 조직에 가입하고 산업 투쟁에 참여한다고 썼다.[41] 예컨대, 2011년 11월 30일 영국에서 연금 개악에 반대하는 대규모[250만 명이 참가했다] 공공부문 파업이 벌어졌는데, 참가자의 다수는 여성이었다.

이런 변화의 토대는 자본주의에서는 (다음 세대 노동력 출산을 제외하면) 성별에 따라 역할을 나눌 필요가 거의 또는 아예 없다는 사실이다. 그러나 자본주의에서 핵가족의 구실은 여전히 매우 중요하다. 핵가족이 다음 세대의 노동력을 양육하고 재생산하는 일을 떠맡고 있기 때문에 자본가계급은 막대한 비용을 아낄 수 있다. 그렇지만 여성의 경제적 지위 변화와 (재생산 권리와 동일임금 보장과 성차별 반대를 요구하는) 대중운동 덕분에 지난 50년 동안 여성과 성 역할에 대한 생각이 상당히 바뀌었다.

여성 차별(여성 배제, 가정 폭력, 낙태권 부정, 성차별 등)이 여전히 자본주의 체제의 핵심 요소인 이유는 그것이 체제에 경제적으로 도움이 되기 때문이다. 게다가 지금 같은 긴축의 시대에는 [지배계급이] 지난 40년 동안 우리 운동이 쟁취한 많은 개혁도 되돌리려 하기 때문에 이에 맞선 투쟁이 필요할 수 있다.[42] 그렇지만 20세기 후반에 자본주의가 여성운동의 요구를 일부 수용할 수 있었던 것은 분명한 사실이고, 같은 시기에 성소수자의 요구도 일부 수용됐다.

자본주의가 이렇게 일부 요구를 수용하자 역설적이게도 많은 차별 반대 활동가가 다양한 개혁주의 이론과 전략으로 이끌렸다. 이것은 20세기 초에 성적 자유와 여성·성소수자의 권리를 요구한 수많은 활동가와 1960년대 말과 1970년대 초 여성해방운동과 동성애자해방전선GLF의 많은 활동가가 사회주의 사상에 강하게 이끌리고 자본주의를 적으로 규정했던 것과 사뭇 반대되는 양상이다.

이런 변화가 트랜스젠더 운동과 트랜스젠더 혐오에 맞선 투쟁에 어떤 영향을 미쳤고 트랜스젠더의 최근 역사가 어떤지 살펴보기 전에 트랜스젠더 차별의 뿌리를 살펴보겠다.

마르크스주의와 차별

레닌을 비롯한 볼셰비키는 차별에 맞서는 것을 혁명 전략의 핵심으로 여겼다. (성공한 1917년 혁명의 위대한 예행연습이었던) 1905년 혁명이 한창일 때 레닌은 다음과 같이 썼다. "혁명은 차별받고 착취받는 사람들의 축제다. 그런 처지에 있는 사람들이 새로운 사회질서의 창조자로 전면에 나서는 때는 오직 혁명기뿐이다."[43] 노동계급을 단결시키고, 억압받는 대중이 사회주의를 위한 투쟁에서 능동적 구실을 하도록 설득하려면 혁명적 사회주의자는 언제나 "차별받는 사람들의 호민관"이 돼야 한다고 레닌은 주장했다.

사회주의자는 어떤 계급에 속한 사람이 차별받던 차별에 반대한다. 예컨대, 트랜스젠더 혐오에 시달리는 사람이 노동계급이 아니라고 이를 못 본 척하면 안 된다. 마르크스주의자는 역사유물론적으로 차별의 뿌리를 설명하고 계급투쟁의 전망을 제시한다.[44] 마르크스가 제1인터내셔널 규약에 썼듯이 인간 해방과 차별 종식을 달성하려면 "노동계급 스스로 노동계급의 해방을 쟁취해야 한다."[45]

마르크스주의자는 진보적인 모든 집단적 투쟁(예컨대, 인두세 반대 운동, 반자본주의 운동, 전쟁 반대 활동)에 당연히 지지와 연대를 보내고 이런 투쟁이 승리할 수 있다고 보지만 차별에 맞서 가장 효과적으로 싸우려면 차별의 근본 원인을 겨냥해야 한다고 주장한다. 차별의 근본 원인이 노동력을 착취해서 이윤을 극대화하는 자본주의의 동역학이므로 투쟁의 핵심 무대는 작업장과 노동운동이다.

작업장 밖에서 벌어지는 투쟁도 여전히 중요한데, 가장 단순한 이유는 그런 투쟁이 작업장에 영향을 미쳐 파업과 작업 거부에 유리한 환경을 조성하기 때문이다. 동시에 생산 현장은 남성과 여성, 동성애자와 이성애자와 트랜스젠더, 흑인과 백인이 일상적으로 착취와 차별을 겪으며 연대 의식을 키우는 곳이기도 하다. 이 때문에 우리는 집단적 능력을 발휘해서 자본주의의 혈관이라 할 수 있는 잉여가치 추출을 막고, 경제적 요구(임금 인상 등)와 정치적 요구(차별 철폐 등)를 연결할 수 있다. 남녀 동일임금을 요구하는 파업이나 인종차별과 동성애·트랜스젠더에 대한 혐오 공격에 항의하는 파업이 그런 경우다. 한 건의 파업이 1000건의 결의안만큼이나 가치 있는 이유다.

마르크스주의자가 작업장 투쟁에 주목하는 이유는, 이런 투쟁이 착취받고 차별받는 사람들의 잠재력을, 다시 말해 자본주의 체제를 완전히 전복하고 "차별받는 사람들의 축제"를 통해 차별이 사라진 사회주의 사회를 건설할 수 있는 능력을 자극할 것이기 때문이다.

이런 커다란 잠재력은 최근[2011~2013년]에 벌어진 모든 반란과 격변, 즉 아랍의 봄과 타흐리르 광장에서, [터키] 게지 공원에서, 브라질에서, 그리스 총파업에서 발견할 수 있다. 이런 투쟁 경험(민주적인 의사 결정 과정, 각종 시위와 집회 참여, 피켓라인을 함께 지키기 등)은 체제의 이데올로기 가면을 벗겨 내고 그 뒤에

가려져 있던 흉측한 비인간성을 폭로한다. 또한 사람들의 의식을 바꾸고, 사람들에게 자신이 집단적 주체로서 근본적 변화를 이룰 능력과 힘이 있음을 일깨운다. 활동가들의 네트워크를 만들거나 강화하는 모든 파업은 그 규모가 크든 작든 우리 편을 더 강하고 단결하도록 만들고 저들을 더 약하게 만든다.

차별의 구체적 형태는 역사와 문화에 따라 다르지만 그 의도는 상식이라는 이름으로 차이를 부각하고, (잉여가치 추출을 위한) 착취를 바탕으로 한 근본적 계급 분단을 은폐하려는 것이다. 앞에서 인용한 레닌의 글이 쓰일 당시 볼셰비키는 유대인 배척, 민족 억압, 여성 차별에 맞선 투쟁을 특히 중시했다.

1917년 혁명 전후와 혁명 와중에도 볼셰비키는 각각의 투쟁에 개입해 차별이 낳은 노동계급 내 분열에 어떻게 도전하고 극복할 수 있는지를 실천으로 보여 줬다. 마르크스주의가 경제결정론이고 경제투쟁에만 관심을 갖는다는 생각은 완전한 착각이다. 마르크스주의가 동성애와 트랜스젠더를 혐오한다는 것도 전혀 사실이 아니다. 마르크스주의에 대한 이런 오해는 불행히도 [마르크스주의를 표방하는] '구좌파' 스탈린주의 정당의 행태 때문에 강화된 면이 있다. 마르크스주의 전통은 차별에 반대하고 해방을 지지하는 것이고 볼셰비키는 [이런 전통에 입각해] 1917년 혁명 이후 이혼의 자유를 허용하고, 여성의 권리를 보장하고, 민족자결권을 지지하고, 반유대주의를 금지하고, 동성애를 비범죄화했다. 당시 이런 조처는 세계 어디에서도 볼 수 없는 것이었다. 그러나 오늘날 많은 성소수자 활동가는 이런 역사적 사실을 전혀 알지 못한다.[46]

오늘날 혁명적 사회주의자의 핵심 과제는 두 가지다. 첫째, 자신이 발 딛고 서 있는 곳에서 동성애 혐오와 트랜스젠더 혐오에 맞서 싸워야 한다.[47] 둘째, 노동계급 투쟁이 고양했을 때 존재한 연계, 즉 사회주의 분석·조직과 차별에 맞서 해방(성소수자가 자신의 성적 지향과 성별 정체성을 자유롭게 표현할 권리를 포함한다)을 요구하는 투쟁의 연계를 재건하고 강화해야 한다.

트랜스젠더 혐오의 뿌리

마르크스주의 관점에서 트랜스젠더 차별을 다룬 저작이 거의 없다. 그렇지만 다행히도 미국의 트랜스젠더 활동가이자 마르크스주의자인 레슬리 파인버그가 쓴 매우 훌륭한 책이 있다.[48] 파인버그의 《트랜스젠더 투사들》은 고대의 다양한 젠더 흔적이 세계 곳곳의 민속 절차와 축제의 크로스드레싱 전통에, 그리고 역사적 반란과 항의 행동에 남아 있다고 주장한다. 예컨대, 1839년에 [영국] 웨일스에서 통행세 부과에 맞서 격렬하게 싸운 '레베카와 그 딸들'은 크로스드레스 남성이었다.[49] 또 다른 크로스드레스 시위자들은 16세기 잉글랜드와 스코틀랜드의 '무질서의 지배자'였다.*

파인버그는 여성의 종속이 더 뚜렷한 성 역할과 더 엄격한 성별 행동 규제를 낳았다는 주장에서 출발해 트랜스젠더 차별의 뿌리를 설명한다. 파인버그는 프리드리히 엥겔스의 《가족, 사유재산, 국가의 기원》을 근거로 삼는다.[50] 엥겔스는 인류학자 루이스 헨리 모건의 최신 연구를 토대로 가족과 계급사회의 등장이 여성의 종속과 차별의 역사를 이해하는 핵심이라고 주장했다.[51]

계급사회가 등장하기 전에는 생물학적 차이(임신, 출산, 수유)에 따라 분업이 이뤄지기도 했지만 이것이 사회적 지위나 권력 차이로 이어지지는 않았다. 그러나 [계급사회가 등장하면서 남성이 지배하는 새로운] 가족이 점차 모계제와 모계 중심 사회를 대신했고, 부·재산·지위를 확실하게 세습하려고 여성이 한 남성하고만 결혼하도록 했다.

이런 사회적·경제적 변화로 크로스드레싱과 그 밖의 성별 규범을 벗어난 행동이 비난받고 금지됐고 레위기와 신명기 등 일부 성경에도 비슷한 내용이 등장했다. 이것은 신의 뜻이라기보

---

* 중세 유럽에서 크리스마스 즈음에 귀족들이 일종의 신분 바꾸기 놀이를 위해 여는 연회의 사회자다. 무질서의 지배자는 언제나 평민이나 노예 중에서 뽑혔고 귀족들은 그를 떠받드는 시늉을 하며 놀았다.

다는 지배 집단이 자신의 권력을 공고히 해서 더 많은 부와 권력을 거머쥐려고 법을 제정한 경우에 더 가깝다.

이런 변화는 여러 고대사회에서 상당히 오랜 시간에 걸쳐 일어났는데, 기원전 11세기에서 기원전 7세기에 무역과 정복으로 상당한 잉여생산물이 축적되면서 시작됐다. 이제 여성의 성을 엄격하게 통제했고 결혼 관계 안에서만 성관계하고 아이를 낳도록 했다. 젠더 다양성을 표현하는 행동이 더 배척된 것도 바로 이 시기인데, 이것은 성 역할을 더 뚜렷하게 구별하고 이를 더 엄격하게 강제하려는 시도의 일환이었다.

흥미롭게도, 이런 규제(남성이 머리를 기르거나 '여성스러운' 스타일로 가꾸는 것과 남녀가 이성의 옷을 입거나 이성처럼 행동을 하는 것을 금지하는 것)를 도입한 것은 이전 사회에서는 그런 행동이 흔했고 용인됐음을 보여 준다고 파인버그는 주장한다. 파인버그는 이를 뒷받침하는 여러 증거를 제시한다.[52] 새로 등장한 지배계급이 권력을 강화하고 [자신에게 유리한] 사회제도와 법을 도입하는 과정은 평탄하지 않았고 오랜 시간이 걸렸다. 이 과정에서 [지배계급은] 자신의 필요에 맞게 다양한 차별을 만들었고, 이것은 저항을 불러일으켰다. 트랜스젠더 차별은 이런 과정에서 등장했고 따라서 여성 차별, 동성애자 차별과 비슷한 물질적 기원을 갖는다.[53]

계급사회와 제국이 등장하고 팽창하면서 옛 방식(엥겔스는

'원시 공산주의 사회'라고 불렀고 모건은 '야만'이라고 불렀다)과 가장 날카롭게 충돌한 사례는 유럽이 중세 이후 아메리카 대륙을 식민지로 삼은 과정이다.[54] 가톨릭교회와 스페인과 포르투갈 국가는 원주민 사회는 식민 지배받아 마땅하고 심지어 노예가 되는 게 원주민에게도 좋은 일이라고 여겼다. [그러나 이것은] 자신의 이익, 곧 제국을 확장하고 성장하던 상업 자본가를 위해 자본의 시초 축적을 뒷받침하기 위한 것이었다. 기독교는 이 과정에서 자행되는 야만과 학살을 이데올로기적으로 정당화했다.

몇 가지 사례만 봐도 [이들이 원주민, 특히 다양한 젠더의 사람들에게 어떤 만행을 저질렀는지] 충분히 알 수 있을 것이다. 1530년 스페인 정복자 누뇨 데구스만은 자신이 전투에서 마지막으로 잡은 사람이 "가장 용맹하게 싸운 남성인데 여성처럼 행동해서 불태워 죽였다"고 썼다.[55] 파인버그의 책 《트랜스젠더 투사들》에는 테어도르 더브리가 1594년에 [스페인 정복자] 발보아의 파나마 원정을 그린 판화가 실려 있는데, 그것은 발보아가 아메리카에서 '두 영혼의 사람'(트랜스젠더)을 개를 풀어 죽이는 장면을 묘사하고 있다.[56] 발보아는 트랜스젠더를 끔찍하고 야만적이고 방탕한 존재로 여겼다. 스페인이 [카리브해] 앤틸리스제도와 [오늘날 미국의 남부] 루이지애나를 정복했을 때 그들은 "여성 옷을 입은 남성이 그 사회에서 존중받는 것을 발견했다. 스페인 정복자는 그 남성을 자웅동체나 동성애자로 여겨 죽였다."[57]

아메리카 원주민(또는 [캐나다의] 퍼스트네이션)은 500년의 식민 지배 아래서 학살당하고 억압받았지만 많은 공동체에서 '두 영혼의 사람'은 여전히 용인되고 높은 사회적 지위도 누릴 수 있었다. 일부 사람들은 퍼스트네이션에 '버다치'가 있다고 기록했는데 '버다치'는 유전적 남성이 여성의 옷을 입고, 여성의 일을 하고, 버다치가 아닌 남성과 성관계하는 사람을 지칭하는 용어다. 그러나 팻 캘리피아가 지적했듯이 그 표현은 아메리카 원주민의 용어가 아니다.[58] 아마도 페르시아에서 생겨나 아랍, 스페인, 프랑스를 거쳐 왔을 것이고 남성 간 성행위에서 '수동적' 파트너를 지칭하는 용어다. 캘리피아는 서방이 원주민의 젠더 다양성을 동성애 혐오 관점으로 바라봐 용어를 잘못 적용한 사례라고 말한다.

아메리카 원주민이 사용한 용어는 달랐다. 예컨대, 라코타족은 '윙트winkte', 샤이엔족은 '히 맨 히he man he', 크로족은 '바드bade'라고 불렀는데, '남성도 여성도 아닌', '절반 남성, 절반 여성'이라는 뜻이다. 다시 말해, 아메리카 원주민은 섹슈얼리티가 아니라 젠더에 더 주목했다. '아메리칸 인디언 동성애 역사 연구'는 130개가 넘는 아메리카 원주민 부족에 타고난 성과 상관없이 성 역할을 하는 남성과 (많은 경우에는) 여성이 존재했다며 그 목록을 공개했다.[59] 많은 부족은 젠더가 둘이 아니라 셋이나 넷 또는 그 이상 존재한다고 봤고 다양한 젠더와 동성 관계를 인정했다.

'두 영혼의 사람'은 상담사, 이야기꾼, 교사, 치료사 등 사회에서 중요한 구실을 맡아 많은 존경을 받았다. 사냥꾼과 전사로 활약한 여성도 있었다. 이 사회에서는 흔히 '두 영혼의 사람'을 아내로 맞으면 가족이나 부족이 더 풍족해진다고 믿었다. 이렇듯 계급사회가 아닌 곳에서는 '두 영혼의 사람'을 공동체의 축복이자 중요한 자원으로 여겼다.

그렇지만 아메리카 원주민 사회의 이런 태도를 무비판적으로 미화하는 것은 오류다. 캘리피아는 서양의 일부 동성애자, 트랜스젠더 역사가가 불철저하게 접근해 이런 우를 범한다고 지적하는데, 실제로 이들은 모든 아메리카 원주민 사회가 젠더 다양성과 동성애를 수용했다고 본다. 캘리피아는 상당한 편차가 있었다고 주장한다. 동시에 캘리피아는 트랜스젠더 역사 서술이 상당히 어려운 이유를 하나 지적하는데, 그것은 많은 역사 연구가 트랜스젠더를 다양한 성적 지향의 일부로 포함해 왔다는 점이다. 캘리피아는 일부 동성애 역사가가 젠더 다양성에 기반한 성 역할과 행동을 단지 성적 지향과 관련한 것으로 잘못 다뤄 왔다고 주장하고, 특히 《미국의 게이 역사》를 쓴 조너선 카츠가 그런 경우라고 비판한다.[60]

스트라이커도 트랜스젠더의 역사와 반란이 거의 알려져 있지 않고, 일부는 동성애자 역사 안에 파묻혀 있다고 주장한다.[61]

최근 많은 연구자(그중에는 트랜스젠더인 아메리카 원주민도 있다)가 트랜스젠더 역사를 발굴하는 작업을 하고 있다.[62]

식민주의는 아메리카 대륙에 해악적 영향을 미쳤고 수많은 원주민을 죽음으로 몰아갔다. 그러나 원주민 사회가 인정하고 존중한 다양한 섹슈얼리티와 젠더 표현을 짓밟고 근절하려 애 쓴 건 포르투갈과 스페인 제국만이 아니었다. [후대의] 영국 제국 도 미발전 사회를 이렇게 대했다. 영국과 그 밖의 제국주의 국 가는 인도와 여러 아프리카 나라에 서구식 기독교 법을 강요했 는데, 여기에는 분명 섹슈얼리티와 성별 규범을 넘나드는 행동 을 범죄화하고 뿌리 뽑겠다는 의도도 포함됐다.[63]

자본주의와 핵가족

엥겔스는 《영국 노동계급의 상태》에서[64] 산업자본주의가 (도시 의 인구 밀집, 극심한 가난과 궁핍과 더불어) 어떻게 노동계급 가 족을 파괴하는지 묘사했다. 제프리 웍스나[65] 존 데밀리오[66] 등이 지적하듯이 이것은 매우 중대한 모순을 낳았다. 자본주의 생산 양식은 노동계급이 더 자유롭고 다양한 성적 관계(동성애를 포 함해)와 성 역할을 할 수 있는 조건을 만들었지만, 저렴한 비 용으로 노동계급을 재생산하는 사회적 단위인 가족의 기반을 허물고 있었다. 그러나 자본주의는 남녀가 적어도 다음 세대의 노동자를 재생산할 때까지는 가족을 유지하도록 해야 했다. 지배계급은 가족 이데올로기를 강조해 이 문제를 해결했고, 이제 자본주의 가족은 단지 미래의 노동력인 아이들만 재생산하는 게 아니라 이성애주의와 동성애 혐오, 트랜스젠더 혐오도 재생산한다. 데밀리오의 주장처럼 진정한 문제는 바로 자본주의다.

초기 자본주의에 급속한 도시화와 공장제 도입으로 노동계급 가족이 파괴될 듯하자 많은 부르주아는 겁먹었고, 그 결과 부르주아 개혁가들은 자본주의의 장기적 이익을 위해 노동계급 가족을 유지할 대책을 강구했다. 아동노동을 규제하는 법을 만들고 '가족 임금'(생산 영역에서 여성을 배제하려는 것이었다)을 제도화한 것은 물질적 여건을 조성해 노동계급이 (부르주아 가족을 본뜬) 가족을 꾸리도록 했고, 이렇게 등장한 노동계급 핵가족은 노동력 재생산을 떠맡게 됐다. 이런 물질적, 법률적 변화를 뒷받침하기 위해 적어도 여성은 정조를 지켜야 한다는 이데올로기와 성 행동에 대한 규제가 엄격하게 강화됐다.

제프리 윅스, 해나 디, 수전 스트라이커 등이 썼듯이, 19세기 후반에는 동성 관계(와 그 밖의 성적 '일탈'과 성별 규범을 벗어나는 행동)에 대한 처벌과 제재가 갈수록 세졌다.[67] 1895년 오스카 와일드의 재판은 중요한 분수령이었다. 이런 사회적·법률적 탄압이 낳은 중요한 결과로 '동성애자'라는 분류가 생겨났다.

이제 동성애는 특정 행위가 아니라 특정 사람을 지칭하는 정체성이 됐다. 이런 정체성이 등장하고 억압이 강화되자 20세기로 접어들 무렵에는 동성애 억압에 저항하는 사람들이 등장했다. 영국에서는 해블록 앨리스(엘리너 마르크스의 친구)와 사회주의자 에드워드 카펜터가, 독일에서는 마그누스 히르슈펠트가 이런 저항의 중심에 있었다.

섹슈얼리티와 성별 정체성 구별

20세기 중엽까지 대다수 성과학자, 의사, 활동가는 젠더 다양성을 표현하는 행동이 근본에서 동성애와 다르지 않다고 여겼다. '성전환'을 원하는 사람은 자신의 성적 지향이 동성애임을 받아들이지 못하는 동성애자, 즉 '자신을 부정하는 동성애자'로 간주됐다. 많은 프로이트주의자는 트랜스섹슈얼이라는 개념과 동성애를 다르게 분류한 지 수십 년이 지난 후에도 이런 생각을 고집했다. [1949년에 처음 등장한] 트랜스섹슈얼이란 말은 처음에는 널리 쓰이지 않았는데 해리 벤저민의 책《트랜스섹슈얼 현상》이 출간된 1966년 이후에는 의학적·사회적 분류법으로 인정받았고 개인의 정체성을 표현하는 데 흔히 사용됐다.[68]

벤저민이 트랜스섹슈얼이나 크로스드레서를 동성애자와 구

분할 필요가 있다고 확신한 계기는 성과학자 앨프리드 킨제이가 1948년[과 1953년]에 발표한 인간의 성 행동에 대한 보고서였는데, 그 보고서는 트랜스젠더에 관한 자료도 담고 있었다.[69]

트랜스젠더의 저항

트랜스젠더는 오랜 저항의 역사가 있다. 17~18세기 런던에서는 남성 트랜스젠더(이 경우에는 생물학적 남성을 말한다)가 많이 모이는 술집인 몰리하우스 단속에 항의하는 반란이 여러 차례 있었다. 크로스드레싱은 단속에 걸리면 교수형에 처해지기도 했다.[70]

19세기 말과 20세기 초에 등장한 동성애자 해방운동의 첫째 물결은 동성애자뿐 아니라 젠더 때문에 탄압받는 사람들을 광범하게 포괄했다. 영국에서 에드워드 카펜터 등 주요 활동가는 사회주의 조직과 매우 밀접한 관계를 맺고 있었다. 미국과 유럽(특히 독일)에서도 사회주의자, 성과학자, 급진적 성 활동가가 끈끈한 관계를 맺고 있었다.[71] 그러나 1930년대 이후 나치의 공격을 받은 데다 공산당과 좌파 단체가 스탈린주의로 변질되면서 이런 연결 고리는 거의 완전히 사라졌다. 성소수자 수만 명이 나치 수용소에서 목숨을 잃었다.

성·젠더 해방을 요구하는 급진적이고 혁명적인 운동은 1969년 뉴욕의 스톤월 항쟁에서 재등장했다. 1960년대는 정치적 고양기였다. 전쟁과 인종차별에 반대하는 새로운 좌파 조직이 옛 스탈린주의 좌파와 독립적으로 등장했다. 젊은 동성애자와 트랜스젠더 활동가의 상당수는 스스로를 확고한 혁명가라고 생각했다. 스톤월에서 경찰에 맞서 싸운 푸에르토리코 출신의 드랙퀸 실비아 리베라도 그중 하나였다. 그녀는 죽기 몇 해 전인 1998년에 레슬리 파인버그와의 인터뷰에서 [당시를 회상하며] 다음과 같이 말했다.

우리는 이런 빌어먹을 상황을 더는 받아들이지 않기로 했어요. 우리는 다른 운동을 돕기 위해 아주 많은 일을 했고 이제 우리 차례였어요. … 당시에 우리는 모두 수많은 운동에 참여했어요.[72] 다들 저마다 여성운동, 평화운동, 공민권운동에 참여했죠. 우리는 모두 급진주의자였어요. 그래서 그 많은 투쟁에 참여할 수 있었던 거 같아요. … 나는 급진주의자였고 혁명가였고 지금도 혁명가죠. … 스톤월 항쟁에 참여하지 못했다면 참 속상했을 거예요. 왜냐하면 그날 밤 나는 나와 내 친구들이 원하는 대로 세상이 바뀌는 것을 봤거든요. 물론 아직 갈 길이 멀지만요.[73]

1970년에 동성애자해방전선은 스톤월 항쟁 이후의 정치적 열기를 반영해 선언문을 발표했는데, 자신을 동성애자 해방을 위해 투쟁하는 혁명적 집단이라고 소개했고, 차별받는 다른 집단과 함께 억압적인 자본주의 체제에 맞서 싸우겠다고 명시적으로 밝혔다.

스톤월 항쟁이 벌어진 나흘 밤 동안 트랜스젠더는 중요한 일부였는데도 스톤월 항쟁은 흔히 게이와 레즈비언의 항쟁으로 여겨졌다. 실비아 리베라와 마샤 P 헌트 같은 트랜스젠더의 구실은 대체로 잊혀졌다.[74]

리베라와 그 밖의 트랜스젠더가 스톤월 항쟁에서 한 구실은 1993년에 스톤월 항쟁을 다룬 마틴 두버먼의 고전 《스톤월》이 발간된 후에야 알려졌다. 두버먼 책의 핵심을 이루는 부분은 당시의 지도적 활동가 6인의 기록을 모은 것인데 그중 한 명이 리베라였다.[75] 리베라는 1973년 동성애자 자긍심 행진에서 트랜스젠더인 자신의 연설 여부를 두고 논쟁을 벌인 후 동성애자 해방운동을 떠났다. 그 논쟁은 동성애자해방전선 안에서 트랜스젠더가 주변으로 밀려나고 있음을 보여 주는 징후였다.

스톤월 항쟁 전부터 젊은 트랜스젠더 사이에서는 반란의 기운이 번지고 있었다. 미국의 여러 지역에서는 공공장소에서 [트랜스젠더를] 추방하는 것에 항의하는 전투적 행동이 벌어지고 있었다. 이미 1959년에 로스앤젤레스 사우스사이드에 있는 술집 '쿠퍼스 바'가 트랜스젠더(당시에는 스스로를 '퀸'이라고 불렀다)

의 출입을 금지하자 트랜스젠더는 이에 항의하는 캠페인을 벌였다.[76] 이 밖에도 스트라이커는 여러 사례를 든다. 1965년 필라델피아의 '듀이스'라는 식당이 트랜스젠더의 주문을 거부했다. 주문을 거부당한 트랜스젠더 3명이 항의하며 식당을 떠나지 않자 [경찰이 와서] 이들을 체포했다. 동성애자와 트랜스젠더는 일주일 동안 식당 앞에서 팻말 시위를 벌였고 결국 주인은 백기를 들었다.

노동계급 거주지에서는 흔히 동성애 운동과 트랜스젠더 운동이 매우 자연스럽게 어우러졌다. 각자가 처한 상황 때문에 서로 상대방을 지원했고 차별에 맞서 함께 싸웠다. 이들이 자신의 삶을 살기 위해 하는 노력과 먹고살기 위해 성매매나 가정부를 하려는 시도는 당국의 체포와 알몸 수색, 부패한 경찰의 구강성교 강요, 남자 교도소 안에서 당할 모욕, 강제 삭발을 각오해야 하는 일이었다.

1966년에는 샌프란시스코 텐더로인 지구의 콤프턴 카페에서 반란이 벌어졌다. 이 반란은 스톤월 항쟁과 매우 비슷하게 경찰의 가혹한 단속에 항의하면서 촉발됐고 에미상을 수상한 수전 스트라이커와 빅터 실버먼의 다큐멘터리 영화 〈스크리밍 퀸즈〉 덕분에 널리 알려졌다.[77] 트랜스섹슈얼 여성, 남성 동성애자, 성매매 종사자가 경찰에 맞서 싸웠다. 기록을 보면 "드랙퀸은 무거운 지갑으로 경찰을 때리고 하이힐로 경찰을 걷어찼다."[78]

당시의 사회적 분위기는 투쟁 전술에도 영향을 미쳐 트랜스젠더 투쟁은 블랙 파워 운동 등 다른 운동과 비슷한 전술을 사용했다. '한 명에 대한 공격은 우리 모두에 대한 공격'이라는 정신에 따라 차별받는 다른 부문의 투쟁에 연대하는 것이 자연스러웠다. 콤프턴 카페 투쟁은 승리를 거뒀다. 이런 투쟁의 성과가 쌓인 덕분에 샌프란시스코의 트랜스젠더는 적어도 공식적으로는 시민으로 인정받고 각종 서비스를 이용할 권리와 고용의 기회를 획득했다.

파편화

1974년 석유파동 등 경제 위기와 금융 위기가 닥치면서 장기 호황이 끝나자 지배계급은 양보를 거둬들이고 노동계급을 공격하는 것으로 태도를 바꿨다. 이런 신자유주의 공격은 이윤율을 높이고 노동계급의 자신감을 떨어뜨리고 노동계급 조직을 약화시키는 것이었다.[79] 1970년대 초 매우 활력 있던 노동계급 투쟁이 후퇴하자 급진화의 물결도 잦아들었다.

[이런 사회적 분위기를 배경으로] 동성애자와 트랜스젠더 해방운동이 빠르게 분열했다. 초창기에 이 운동은 트랜스젠더와 트랜스젠더의 염원을 포괄했다. 그러나 이제 트랜스젠더의 요구는 과

도하고 동성애자의 권리 쟁취에 방해가 된다는 견해가 빠르게 퍼졌다. 운동은 갈수록 '신중한' 성소수자 활동가와 '비현실적이고 초급진적'이라고 취급되는 활동가로 나뉘었다. 예컨대, 1972년 샌프란시스코에서 처음 열린 자긍심 행진은 콤프턴 반란을 기리고 드랙퀸과 드랙킹을 환영하며 시작됐지만 주최 측과 분리주의적 레즈비언 단체 사이의 몸싸움으로 막을 내렸다. 1973년에는 아예 자긍심 행진이 따로 열렸고 그중 하나는 드랙퀸·드랙킹과 트랜스젠더의 참가를 막았다.

활동가 사이에서 '동성애 규범'이라는 개념이 자리잡기 시작했는데, 이것은 동성애자가 자본주의 사회에서 수용되고 조화를 이룰 수 있도록 [적절하게 처신]해야 한다는 것이다. 초기의 수많은 활동가를 사로잡은 해방과 사회변혁을 위한 투쟁은 꿈도 꾸지 말아야 할 금기가 됐다. 이 과정에서 트랜스젠더 운동(사회의 수용 가능성이 훨씬 적었고 급진적 사상을 더 많이 수용했다)은 동성애자 해방운동과 당시 부상하던 여성운동이라는 동맹을 순식간에 잃었다.

1970년대 초부터 여성운동의 일부 근본적 페미니스트는 트랜스 여성을 배척했다.[80] 1960년대와 1970년대 초의 전투적 운동은 이제 분열했다. 조앤 마이어로위츠는 2004년 한 인터뷰에서 이런 배제와 분열의 역설을 다음과 같이 통찰력 있게 지적했다.

페미니스트는 젠더라는 개념을 우리 페미니스트가 고안한 게 아니라는 사실을 잊지 말아야 합니다. 생물학적 성과 젠더를 처음 구분한 것은 우리가 아닙니다. 우리는 간성과 트랜스섹슈얼리티를 연구하던 과학자들이 개척한 젠더 개념을 물려받아 다듬은 것입니다. 이런 역사는 젠더 개념이 당연히 페미니즘과 관련된 것이라는 생각이 틀렸음을 보여 줍니다.[81]

1970년대에 계급투쟁과 빠르게 거리를 두면서, 수많은 남성 동성애자는 개혁주의적이고 순응적인 관점으로 기울었고 더 급진적이고 사회주의를 지지하는 사람들, 특히 트랜스젠더를 배제했다. 여성운동 안에서는 근본적 분리주의와 정치적 레즈비언주의의 영향력이 커졌고 남성(과 트랜스 여성)과 협력하거나 계급투쟁에 참여하는 것을 완전히 거부하는 경향이 커졌다.[82]

점차 다양한 개혁주의 이데올로기가 (특히 학계에서) 등장했는데, 포스트모더니즘, 가부장제 이론, 정체성 정치 등 이런 이데올로기는 당시의 후퇴를 정당화하는 구실을 했다. 또한 마르크스주의와 계급투쟁 지향적 관점을 경제결정론이고 시대에 뒤처진 것이라고 비판하며 적대시했다. 동성애자 해방운동이 처음 등장했을 때 사회주의 조직과 맺었던 매우 긴밀한 연관을 생각하면 이런 변화가 더 가슴 아프게 다가온다.

정체성 정치와 퀴어 이론

개인의 정체성은 그가 속한 계급이 아니라 그가 받는 차별에 따라 규정된다는 생각(과 이런 각각의 '정체성'은 서로 독립적으로 싸워야 한다는 생각)은 공동 행동과 계급투쟁 참여 가능성을 심각하게 축소하는 효과를 냈다. 1980년대에 정체성 정치가 부상하면서 성소수자 운동은 정치적 대가를 치렀다.

정체성 정치와 씨름하는 것은 [팔이 여러 개인] 문어와 팔씨름하는 것만큼 쉽지 않다. 팔 하나를 이겼다고 생각하는 순간 다른 팔이 튀어 나온다. 퀴어 이론과 퀴어 정치는 미셸 푸코와[83] 그 후 등장한 주디스 버틀러의[84] 글에 기반하고 있고, 차별 반대 운동과 좌파가 패배를 겪던 1970년대 말과 1980년대에 등장했다. 1970년대 초에는 산업 투쟁 수준이 높은 데다(투쟁도 흔히 승리했다) 현장조합원의 자신감도 높았지만 1970년대 중엽 '사회적 합의'의 시대로 접어들면서 이런 분위기는 반전됐고 점차 사라졌는데, 특히 영국에서 그 변화가 두드러졌다.

퀴어 이론은 모순적 현상이다. 한편으로 퀴어 이론은 개인주의, 핑크 머니, '신중한 동성애자'라는 생각에 반대하지만, 계급투쟁 쇠퇴가 낳은 또 다른 양상은 받아들여 계급 정치와 마르크스주의에서 뒷걸음친다. 퀴어 이론가는 동성애자 운동이 탈정치화하고 상업화하는 것을 비판한다. 이들은 성적 지향과 젠더 표현을 사회적 구성물이라고 보고, 초창기 동성애자 해방운동의 행동주의와 급진주의를 복원해야 한다고 주장한다. 또한 오늘날 성소수자 운동이 매우 협소한 요구를 제기하는 것이나 '동성애자 운동'과 '동성애자 커뮤니티'가 단일하다는 생각에 대한 비판은 적절하고 환영할 만하다. 그렇지만 퀴어 이론에는 좌파가 비판해야 할 내용도 있다.

노엘 핼리팩스와[85] 콜린 윌슨 등은[86] 마르크스주의 관점에서 퀴어 이론을 건설적으로 비판했다. 이들은 퀴어 이론에 마르크스주의자가 동의하는 내용도 분명 있지만, 실천에서 퀴어 이론은 포스트구조주의와 포스트모더니즘의 지적 후퇴와 파편화를 수용한다고 지적한다. 그래서 퀴어 이론의 핵심은 마르크스주의와의 단절이고, 사회 변화의 핵심 수단과 주체가 각각 계급투쟁과 노동계급이라는 생각을 거부하는 것이다.

교차성

일부 사람들은 '교차성' 개념이 정체성 정치의 약점을 보완한다고 주장한다. [최근에 다시 유행하는] 교차성은 새로운 개념이 아니고, 이미 1960년대 말과 1970년대 초에 인종 문제와 연관된 페미니즘 이론에서 등장했다. 그러나 교차성 개념을 하나의 이

론으로 대중화한 사람은 킴벌리 윌리엄스 크렌쇼다.[87]

그 이론의 기본 주장은 차별받는 사람들은 교차하는 하나이상의 차별 벡터(젠더, 인종, 계급, 섹슈얼리티 등)를* 가질 수있고, 차별받는 사람들의 삶을 이해하려면 각각의 정체성 때문에 겪는 체계적 사회 불평등을 봐야 한다는 것이다. 여기서 핵심은 [여러 차별이] '교차한 경험'이 개별 차별 경험의 단순 총합보다 더 크다는 것이다. 교차성 개념을 사용하는 사람들은 개별 사회적 범주의 본질이 무엇이고 이 범주들의 상호 관계가 무엇인지를 둘러싼 논쟁을 벌이고, 사회적 범주의 경계를 넘는 사람들(예컨대 트랜스젠더)의 경험을 이론화하는 데 관심이 있다.

간단히 핵심만 말하자면 교차성 개념도 현실을 있는 그대로 묘사하는 데만 유용할 뿐이다. 다시 말해, 차별에 시달리는 사람과 집단이 (예컨대, 흑인 레즈비언 장애인처럼) 여러 차별을 복합적으로 겪을 수 있다는 점을 설명하는 데 그친다. 가장 중요한 물음, 즉 이런 현실에 어떻게 대응하고 차별에 맞서 해방을 쟁취할 최선의 방법이 무엇인지에 대해 교차성 이론가는 별로 제시하는 게 없다. 자신의 가치를 존중하고 확고한 자아를 찾아서 자신을 더 잘 이해하는 것을 통해 차별에 맞서자고 말할 뿐이다.

---

* 물리에서 벡터는 크기와 방향으로 정해지는 양을 뜻하는데, 이를 차용해 같은 여성이어도 인종 등에 따라 경험이 다르다는 점을 표현한 것이다.

그런데 이런 '의식 고양'도 [이미 1960년대에 제안된 것이어서] 새로운 것이 아니다. 교차성 이론은 차별 문제에서 계급이 하는 근원적 구실을 인정하지 않기 때문에(계급은 자본주의 생산양식의 핵심인 착취에 기반한 것이므로 단지 여러 차별 중 하나가 아니다) 정체성을 엄청나게 세분화하고 강조하는 정체성 정치의 한계에서 벗어날 수 없다.

물론 마르크스주의자는 교차성 이론으로 차별 문제에 관심을 갖게 된 사람, 예컨대 자신을 페미니스트라고 생각하는 사람은 잠재적 동맹으로 여겨야 하지만 교차성 이론은 비판적으로 봐야 한다. 일부 사람들은 교차성 이론이 마르크스주의와 차별 쟁점을 잇는 다리가 될 수 있다고 생각한다. 마르크스주의자는 차별에 맞선 투쟁에 함께하면서 바로 계급투쟁이 계급 세력균형을 바꾸고 사람들의 자신감과 자존감을 높이는 핵심 수단이라고 주장해야 한다. 그러지 않으면 교차성은 사람들이 마르크스주의로 건너오는 다리가 아니라 마르크스주의에서 이탈하는 다리가 될 수 있다.

더 큰 단결을 향해

1980~1990년대에 동성애자와 트랜스젠더는 [1970년대의] 종파

적 태도를 버리고 단결해서 함께 운동을 건설했다. 영국에서 이런 변화의 한 요인은 보수당 정부가 도입한 28조에 반대해 함께 활동한 것이었다. 지방자치법 28조는 1988년에 제정됐고, [스코틀랜드에서는 2000년에] 잉글랜드와 웨일스에서는 노동당이 집권하던 2003년 11월에 폐지됐다. 이 법은 교육 체계 안에서 동성애를 긍정적으로 언급하는 것을 완전히 금지했다.

1970년대 초부터 영국의 동성애자 조합원들은 노동조합이 일터에서 [동성애자의] 평등권을 지지하고 동성애 혐오에 맞서 싸우도록 촉구했다. 1984~1985년 대규모 광원 파업 기간에 파업 광원과 성소수자 집단의 연대 경험은 전국광원노조NUM 안에서 동성애 혐오를 상당히 약화시켰다. 광원노조는 1984년 영국 노총 대의원 대회에서 성소수자 권리를 지지하는 주장을 했[고 관련 정책이 통과되는 데 결정적 영향을 미쳤]다. 1985년 자긍심 행진에는 사우스웨일스 광원들이 노조 깃발을 들고 참가했다. 1990년대에 28조에 반대하는 캠페인에서도 노동조합은 커다란 구실을 했다. 이런 연대는 노동당과 토니 블레어에* 상당한 압력을 행사했고 영국 노총이 성소수자 위원회를 만들고 매년 성소수자 대회를 열도록 설득했다(실제로 성소수자 대회는 1990년대 말부터 매년 열리고 있다).

---

* 1994~2007년 노동당 대표이자 1997~2007년 영국의 총리였다.

마이어로위츠는 동성애자 해방에 관한 트랜스젠더의 급진적 사상이 이런 반가운 관계 회복에 상당한 기여를 했다고 주장한다.[88] 동성애자 규범과 '핑크 소비주의'를 비판한 퀴어 이론의 성장도 한몫했다(퀴어 이론은 이론적 약점이 있지만 젠더와 젠더 다양성을 사회적 구성물로 보며 더 포용적인 태도를 취했고, 특히 학계와 학생 집단에서 영향력이 컸다).

그러나 이런 이데올로기적 요소는 당시의 물질적 환경에서 비롯한 것이었다. 1980년대에 HIV와 에이즈는 (특히 미국과 영국에서) 성소수자에게 엄청난 충격을 줬다. 각국의 정부(특히 레이건 정부)는 HIV와 에이즈에 대처하기 위한 연구와 보건 체계에 자금을 지원하지 않았고 그 결과 수많은 사람이 목숨을 잃었는데 대체로 남성 동성애자와 혈우병 환자였다.[89] 지금까지 전 세계에서 수백만 명이 목숨을 잃었다. 서방 세계의 도덕적 비난 때문에 1980년대 중엽에 동성애 혐오와 트랜스젠더 혐오가 엄청나게 확대됐다.

올바른 정보와 대책, 의료 지원을 위해 액트업, 퀴어네이션 등이 함께 정치 캠페인을 조직했는데, 이 활동은 모든 관련 집단의 에너지와 자원을 요구했다. 트랜스젠더도 이 캠페인의 일부였다. 많은 사람들이 잘 모르지만 트랜스젠더는 HIV와 에이즈 감염에 가장 취약한 집단에 속한다.

마지막으로, 지난 20년 동안 빠르게 보급된 인터넷 덕분에

[성소수자에 관한] 자료를 구하고, 소통하고, 온라인 커뮤니티를 만들고, 고무적 사례를 접하기가 훨씬 수월해졌다. 1980년대 말 이후 이런 객관적 환경 변화는 동성애자 운동과 당시 성장하던 양성애자·트랜스젠더 운동이 단결해서 투쟁해야 한다는 주장에 다시금 정치적 설득력을 불어넣고 있다. 제2차세계대전 이래 가장 가혹한 긴축정책이 노동계급을 공격하는 오늘날에는 이런 단결 투쟁이 더 중요하고 필요하다. 현재의 공격은 성소수자와 그 밖의 차별받는 사람들에게 어떤 종류의 사회가 필요하고 모든 차별을 어떻게 없앨 것인지 하는 중요한 물음을 제기한다.

러시아 혁명, 독일·미국·영국의 초창기 동성애자 해방운동, 1960년대와 스톤월 항쟁 이후 등 역사적 경험은 성소수자가 차별받는 다른 사람들과 함께하고, 노동계급 운동과 사회주의 운동의 일원으로 함께 싸울 때 성소수자의 권리가 가장 크게 향상됐음을 보여 준다.

트랜스젠더는 혐오에 맞선 저항의 역사가 있고 오늘날 갈수록 조직화하고 투쟁에서 더 두드러진다. 과거 투쟁에서 트랜스젠더가 한 구실, 젠더·성·섹슈얼리티 개념을 발전시키는 데서 트랜스젠더 활동가가 한 구실, 동성애 혐오, 트랜스젠더 혐오, 성차별에 맞선 단결의 중요성을 보여 주는 사례 등 아직 발굴하고 배워야 할 게 많다. 이런 역사에 대한 이해는 시급히 해방을 위한 투쟁을 건설해야 할 트랜스젠더와 그 밖의 차별받는 사람들, 사회주의자에게 큰 도움이 될 것이다.

[그러나] 이런 해방은 자본주의 안에서 가능하지 않고 노동계급의 반란으로 체제를 뒤엎고 사회주의 사회를 건설해야 가능하다. 이 사실을 납득시키는 데서 마르크스주의자의 구실이 매우 중요할 것이다. 레슬리 파인버그는 [사회변혁] 투쟁의 필요성을 다음과 같이 적절하게 설명했다.

노동하는 모든 사람의 필요를 충족하는 경제체제를 건설하기 전에는 어느 누구도 해방되지 못할 것이다. 우리 트랜스젠더는 어느 계급도 증오와 편견을 조장하면서 이익을 얻을 수 없고 성과 젠더, 개인 간 사랑을 법으로 통제하려는 발상 자체가 불가능한 사회를 위해 투쟁하고 승리하기 전에는 해방되지 못할 것이다. 해방의 여명을 앞당기는 투쟁의 지도부 안에서 우리 트랜스젠더 투사들을 발견할 수 있을 것이다.[90]

영국 교원노조가
트랜스젠더 권리를 옹호하다

마이클 댄스

[2017년] 4월에 열린 영국 교원노조 대의원 대회에서 역사적인 결의안이 통과됐다. 교원노조가 트랜스젠더의 권리를 옹호하고 성별인정법의 권고 사항을 모두 이행하기로 한 것이다.

최근 몇 년 동안 좌우 모두에서 트랜스젠더의 권리를 둘러싼 논쟁이 벌어졌고, 특히 페미니스트 사이에서 그랬다. 구체적으로는 트랜스젠더가 자신의 성별을 선택할 권리와 그에 따른 화장실 이용 권리를 둘러싼 것이었다.

저메인 그리어와 줄리 빈넬 등 영국의 페미니스트와 제니 머리(라디오 프로그램 〈여성의 시간〉 진행자)는 트랜스 여성은 '진

출처: "Teachers' victory on trans rights", *Socialist Review* 424(May, 2017).

정한' 여성이 아니라고 주장했다. 미국 노스캐롤라이나주에서는 트랜스 여성의 여자 화장실 이용을 금지해야 한다는 트랜스젠더 혐오적 주장이 제기돼 논쟁이 벌어졌다.

사회주의자로서 우리는 차별받는 사람들 편에 선다. 우리는 트랜스젠더가 자신의 성별을 스스로 결정할 권리가 있음을 이해하고 트랜스 여성과 남성이 자신의 성별에 따라 화장실을 이용할 권리를 지지한다. 여성, 트랜스 남성, 트랜스 여성이 겪는 차별의 방식은 다를 테지만, 이들은 의료 서비스를 받을 권리와 자기 몸에 대한 통제권을 쟁취하고, 성적 편견과 차별을 없애는 데 공통의 이해관계가 있다.

교원노조 대의원 대회에 제출된 결의안은 노조가 학교 현장에서 트랜스젠더 교사와 학생을 분명하게 지지할 것을 호소했다. 또한 자신의 성별을 스스로 결정하거나 성별 전환 수술을 받고자 하는 사람을 옹호할 것을 호소했다. 사회주의노동자당 소속 교사들은 이 결의안을 지지하며 몇몇 지부에서 통과시켰고 이 결의안이 대의원 대회 안건으로 올라가도록 하는 데 일조했다.

그러나 대의원 대회에는 수정안도 제출됐다. 트랜스젠더가 자신의 성별을 스스로 결정할 수 있고 그에 따라 화장실을 이용할 수 있어야 한다는 내용을 삭제하자는 것이었다. 일부 좌파가 트랜스젠더의 권리에 비판적인 페미니스트에 동조하며 이 수정안을 지지했다. 노조 내 우파도 수정안을 지지했다.

수정안은 이 문제를 다룰 위원회를 만들고 트랜스젠더 관련 결의안 채택을 연기하자고 주장했다. 이는 사실상 트랜스젠더 쟁점이 흐지부지해질 때까지 처리를 미루자는 것이다. 그래서 대의원 대회를 앞두고 꽤 격렬한 논쟁이 벌어졌다.

대의원 대회에서 이 결의안은 가장 뜨겁게 논쟁된 안건이었다. 그러나 사회주의자, 성소수자 교사, 그 밖에 평등 지향적 대의원의 협력으로 이 결의안은 80퍼센트가 넘는 지지를 얻어 통과됐다. 이 결의안은 트랜스 남성 대의원이 발의하고 사회주의노동자당 소속 대의원이 재청한 것이었다.

이 사례는 차별에 맞서 활동가들이 힘을 합쳐 싸운다면 승리할 수 있음을 보여 준다. 또한 2003년 반동성애법이 폐지된 이후 젠더와 성에 관한 사람들의 태도가 얼마나 많이 변했는지를 보여 준다. 많은 학교에서 학생과 교사는 성 역할에 의문을 품고, 학교가 젠더 다양성을 [편견 없이] 대하고 자신의 삶을 되돌아보고 스스로 결정하는 데 도움이 되는 공간이 되도록 노력하고 있다.

교원노조는 트랜스젠더의 권리에 관해 영국의 노동조합 중에서 가장 진전된 견해를 채택했다. 교원노조의 이번 결정은 영국 노총 소속의 모든 노동조합과 더 넓은 운동이 이 정책을 받아들이도록 하는 디딤돌 구실을 할 수 있다. 더 나아가 트랜스젠

더를 대하는 사회적 태도를 더 긍정적으로 바꾸는 자극제가 될
수 있다.

2부

트랜스젠더의 권리를 둘러싼 논쟁

트랜스젠더 차별과 여성해방

양효영

[2017년] 11월 11일, 연예인 지망생 한서희 씨(이하 호칭 생략)가 자신의 SNS에 "트랜스젠더가 여성이라고 생각하지 않는다"는 입장을 밝혀 논란이 벌어졌다. 최근 페미니스트 선언을 한 한서희에게 일부 네티즌이 트랜스젠더의 권리를 지지하는 글도 써 달라고 부탁하자, 한서희가 이를 거부하며 이렇게 밝힌 것이다.

한서희의 발언은 사회에서 지독한 차별과 냉대를 받아 온 트랜스젠더에게 큰 상처를 줬을 것이다. 한서희는 한 트랜스젠더 네티즌에게 "주민번호 2나 4로 시작해요?", "자궁이 없고 염색체가 다른데 어떻게 여자죠?" 하며 지독히 편협한 태도를 보였

출처: 〈노동자 연대〉 230호(2017. 11. 23).

다. 당연히 많은 트랜스젠더가 분노했다.

트랜스젠더 연예인 하리수 씨는 즉시 한서희를 에둘러 비판하는 글을 SNS에 남겼다. 한 언론 인터뷰에서는 "한서희는 모든 트랜스젠더의 인권을 무시해 버렸다"며 "주민번호(앞자리 숫자 관련), 성전환 수술에 대한 편협한 생각 등을 언급하는 등의 언행은 문제가 있다"고 비판했다.

하리수의 비판은 정당하다. 한서희는 트랜스 여성이 사회에서 여성으로 인정받으며 살기 위해 분투하는 현실을 간단히 비웃으며 트랜스젠더가 겪는 고통과 차별을 깡그리 무시했다. 자궁이 없고 XX 염색체가 아니면 손가락질 받고 차별받아도 된다는 말인가?

트랜스젠더가 겪는 천대를 직시해야 한다

한국에서 성별 정정이 법적으로 인정된 지 11년이 지났지만, 성별 정정 기준은 여전히 매우 까다롭다. 대법원 예규는 명시적으로 생식 능력이 없을 것, 외과 수술을 통해 생식기를 제거할 것, 자녀가 없을 것, 미성년자가 아닐 것 등을 요구하고 있다.

최근 일부 법원이 성기 수술 없이도 성별 정정을 인정했지만, 법원이 트랜스젠더에게 탈의한 전신 사진이나 성기 사진을 제출하라고 요구하는 일이 빈번하게 벌어지고 있다. 정정 결정이 날 때까지 1~2년의 긴 기간을 견뎌야 한다는 문제도 있다.

트랜스젠더의 성전환 비용은 건강보험이 전혀 적용되지 않는다. 이 때문에 수많은 트랜스젠더는 막대한 의료 비용을 버느라 허덕인다.

까다로운 요건과 경제적 어려움 때문에 적지 않은 트랜스젠더가 법적인 성별 정정을 포기한다. 이런 상황에서 성별이 드러나는 주민등록번호는 트랜스젠더를 고통스럽게 한다.

주민등록번호와 성별 불일치는 고용 문제에서 커다란 장벽이다. 성별을 이유로 한 사용자의 비아냥과 퇴직 압력도 일상적으로 벌어진다. 2014년 국가인권위 조사에서 트랜스젠더의 64퍼센트가 직장에서 한 가지 이상의 차별이나 괴롭힘을 경험한 적이 있다고 응답했다.

주민등록번호 때문에 많은 트랜스젠더가 심지어 휴대전화 등의 가입과 변경, 보험 가입·상담, 투표 참가도 포기하는 등 가장 기본적인 권리조차 누리지 못하고 있다.

이런 차별을 없애고자 많은 트랜스젠더가 성별 정정 요건 완화, 성전환 비용 의료보험 적용, 주민등록번호의 성별 기입 폐지 등을 요구해 왔다.

트랜스 여성은 성소수자 혐오와 여성 차별이라는 이중의 고통을 겪기도 한다. 하리수는 언젠가 화장품 광고를 찍었을 때,

자신도 모르게 합성돼 들어간 목젖을 발견해 매우 충격받고 슬펐다고 밝힌 적 있다. 하리수가 트랜스젠더임을 흥미거리로 만들어 흥행해 보려는 광고업체의 짓이었다.

체계적인 트랜스젠더 배제 때문에 트랜스젠더는 자살률이 매우 높고, 쉽게 혐오 범죄의 표적이 된다. 차별에 반대하는 사람들은 트랜스젠더가 겪는 고통을 직시하는 데서 출발해야 한다. 트랜스젠더가 스스로 성별을 결정하고 표현할 권리를 무조건 지지해야 한다.

트랜스젠더가 성별 규범을 강화한다?

한서희는 또한 자신은 성소수자 혐오자가 아니고 단지 트랜스젠더만 포용하지 않을 뿐이라며 다음과 같이 말했다. "그들[트랜스 여성]의 여성상은 애교 섞인 말투와 풍만한 가슴과 엉덩이, 손짓과 행동이 여성스럽게 보여야 함 등 우리가 벗으려고 하는 코르셋들을 조이고 있다." 그래서 트랜스젠더의 권리 주장은 "여성 인권 신장에 도움이 되기는커녕 퇴보를 시킨다"는 것이다.

이런 주장은 트랜스젠더의 존재 자체가 성별 규범을 강화해 여성 차별을 강화한다는 일부 페미니스트의 견해를 드러낸다. 국제적으로 적잖은 페미니스트가 이런 논리로 트랜스젠더를 배척한다.

그러나 트랜스 여성이 주류적 여성상에 부합하려 애쓴다(한서희의 편견과 달리 모두가 그런 것도 아니다)고 해서 이를 이유로 트랜스 여성의 자기 결정권을 부정하는 것은 전혀 설득력이 없다. 여성의 몸은 여성 자신의 것이라는 것은 페미니스트에게는 그야말로 상식이다. 이런 원칙을 왜 트랜스 여성에게는 적용하지 않는가.

그리고 트랜스젠더가 혐오의 대상이 되는 것은 그들의 행동이 성별 고정관념에 충실해서가 아니라 오히려 남녀의 역할이 엄격히 구분된다는 성별 고정관념과 충돌하기 때문이다.

무엇보다 우리에게 강요되는 여성성/남성성 같은 성별 고정관념은 단지 사람들 머릿속에서 만들어진 것이 아니라, 학교 성교육에서 회사 유니폼에 이르기까지 사회 전반에서 체계적으로 부추겨지는 것이다. 기존 질서를 지키려는 자들에 의해서 말이다.

(연예인 지망생인 한서희 자신을 포함해) 이런 시스템에서 완전히 자유로운 개인이 얼마나 될까? 트랜스젠더가 아닌 여성 중에도 주류적 여성상에 부합하려는 여성은 매우 많다(대다수 여성이 많든 적든 그런 관념을 받아들인다).

따라서 한서희의 주장은 주류적 여성상을 거부하는 페미니스트만이 여성의 권리를 누려야 한다는 엘리트주의적 사고에 불과하다. 그리고 이는 트랜스젠더에 대한 편견을 정당화할 뿐이다.

논쟁이 계속되자 한서희는 "페미니스트의 길은 자기가 어떤 길을 더 추구하냐에 따라서 다 다르다"며 "본인과 다름을 틀림으로 단정 짓지 말[라]"고 말했다. 그런데 정작 한서희 자신은 트랜스젠더의 다름을 틀림으로 단정 짓고 있다.

한서희의 이런 편협한 태도는 인간의 섹슈얼리티가 매우 다양할 수 있음을 인정하지 않고 성적 다양성을 생물학으로 환원하는 결정론에서 비롯한다. 인간의 섹슈얼리티는 생물학적 성과 일정한 관련이 있지만 그것으로 환원할 수는 없다. 인간은 단순히 생물학의 지배를 받는 존재가 아니다. 그리고 성 역할, 규범 등은 역사적으로 매우 다른 모습을 보여 왔다. 자신의 성별을 바꾸려는 욕구는 인류 역사 내내 존재했고, 이것이 어떤 시기와 지역에서는 전혀 이상하게 여겨지지 않았다.

여성 차별의 원인은
생물학적 본성으로 환원될 수 없다

한서희의 트랜스젠더 배제적 주장은 여성 차별의 원인을 남성의 생물학적 본성 탓으로 보는 근본적 페미니즘 이론의 결함

과도 관련 있다. 이에 따르면, 남성으로 태어난 사람이 성별을 바꾸려는 시도는 자연스럽지 않고, 외양이 어떻게 바뀌든 남성의 '본성'은 바뀌지 않는다는 것이다.

여성 차별의 원인을 남성과 여성의 생물학적 차이로 환원하는 것은, 실은 자궁 여부와 염색체 등을 근거로 여성의 역할을 규정하는 주장과 닮았다. 이런 식의 설명은 인류 역사의 대부분 시기 동안(99퍼센트나 되는 기간) 여성 차별이 존재하지 않았다는 역사적 사실을 무시한다.

계급사회 이전, 식량 찾아다니기 사회에는 여성 차별이 존재하지 않았다. 물론 초기 인류 사회에도 성별 분업이 있었지만 상당히 유동적이었고, 이것이 체계적인 차별을 뜻하지도 않았다. 남성과 여성의 발언권은 평등했다. 엘리너 리콕, 리처드 리 등 인류학자들의 연구는 이런 사실을 실증적으로 뒷받침한다.

원시 무계급 사회에서는 타고난 성별과 다른 성별로 살고 싶은 사람들도 부족에서 인정받았다. 100여 개의 아메리카 원주민 부족에 '여자 옷을 입고 여자로 산 남자'가 있었다고 추정된다. 또한 전체 부족의 대략 3분의 1에는 남자 옷을 입고 남자로 산 여성이 있었다.

이런 사회에서는 성별 전환만이 아니라 오늘날 성별 이분법을 뛰어넘는 다양한 성별도 인정됐다. 북아메리카 원주민 사회에는 '여성도 남성도 아닌' 혹은 '반은 여성이고 반은 남성' 같은 다양한 성별을 인정하는 용어('두 영혼의 사람')가 있었다. 130곳이 넘는 부족에 이런 용어가 있었는데, 다양한 젠더의 개인은 상담자, 선생님, 치료사 등 존경받는 일을 하기도 했다.

비난의 화살을 계급사회와 지배자에게 돌려야 한다

트랜스젠더 활동가이자 레즈비언, 마르크스주의자였던 레슬리 파인버그는 계급사회가 등장해 여성 차별이 발전하면서 성 역할이 더 엄격해지고, 성별 범주가 협소해지고, 트랜스젠더에 대한 비난도 시작됐다고 지적한다.

정착 생활과 농업이 발전하면서 무거운 쟁기를 다룰 수 있는 남성이 생산을 주로 담당하게 됐고, 잉여생산물을 통제하게 됐다. 또한 일부 남성은 잉여생산물을 전유하는 지배계급이 되면서, 자신의 재산을 합법적으로 상속할 수 있는 적자를 밝혀 내는 일이 중요해졌다. 남성이 우위를 점하는 배타적인 가족이 발전했고, 이 속에서 여성의 성적 자유는 옥죄어졌다.

이처럼 사회가 계급으로 나뉘면서 배타적인 가족제도가 발전했고 이는 여성에 대한 체계적 차별로 이어졌다. 이렇게 성 역할과 성별 규정이 훨씬 엄격하게 규정되면서 다양한 성적 표현과 행위도 백안시되고 억압받기 시작했다.

그리고 지배계급은 남성이 여성의 역할을 하거나, 여성이 남성의 역할을 하는 것을 역겹다고 비난하기 시작했다. 1530년 아메리카 대륙을 침략한 한 스페인 정복자는 원주민 중 "가장 용감하게 싸운 사람이 남성인데 여성처럼 행동해서 불태워 죽였다"고 황실에 보고했다.

여성해방과 트랜스젠더 해방은 연결돼 있다

여성 차별과 트랜스젠더 차별은 서로 상관없기는커녕, 계급사회라는 차별의 원천을 공유하고 있다. 따라서 여성의 권리와 트랜스젠더의 권리는 상호 배타적인 게 아니라 한 쪽의 권리가 침해되면 다른 쪽의 권리도 결국 침해받게 된다. 지배계급은 자신의 부와 특권을 지키기 위해 언제나 신체적 차이나 성적 지향, 출신국 등 중요하지 않은 차이를 이용해 피지배자들을 분열시키려 하기 때문이다.

자본주의 사회에서도 여성 차별과 트랜스젠더 차별은 서로 연결돼 있다. 가족제도는 여전히 지배계급에게 중요하다. 가족은 노동력 재생산에서 핵심적 구실을 한다. 가정 내 여성의 무보수 노동은 지배계급에게 막대한 비용을 아껴 준다. 이를 위해 지배계급은 고정된 성 역할이 마치 남성과 여성의 본성인 것처럼 설파한다. 사람들은 이분법적 성별 규범이라는 틀에 욱여넣어지고, 여기서 고통받는 것은 트랜스젠더뿐 아니라 대다수 평범한 대중이다.

즉, 우리의 다양한 섹슈얼리티를 억압하는 것은 자본주의 체제와 그 수혜자인 지배계급이다. 따라서 비난의 화살은 체제와 지배계급을 향해야지, 트랜스젠더를 향해서는 안 된다.

한서희 식의 생물학적 결정론은 사람들의 다양한 자기 표현을 억누르고 성별 고정관념에 도전할 가능성을 좁혀서 여성의 평등과 해방에 해롭다. 여성 차별에 반대하는 사람들은 성별 고정관념에 반대하며 트랜스젠더의 권리를 무조건 옹호해야 한다. 그리고 모두가 자유로운 섹슈얼리티를 누릴 수 있는 사회를 위해 투쟁해야 한다. 여성해방은 트랜스젠더 해방과 결코 분리할 수 없다.

트랜스젠더의 권리와
여성의 권리는 대립하는가?

샐리 캠벨

[2017년] 8월 22일 화요일 이른 새벽, 미국 세인트루이스에서 트랜스 여성이자 세 자녀의 엄마인 키위 헤링이 경찰의 총에 맞아 죽었다. 키위 헤링이 이웃을 칼로 찔렀다는 신고를 받고 출동한 경찰의 한 명이 키위 헤링과의 언쟁 중에 '경미한 부상'을 입자, 곧장 발포한 것이었다.

그 다음 날, 키위 헤링의 지지자 약 100명이 숨진 그녀를 기리는 추도회를 열고, 교차로를 막고 거리 행진을 했다. 그러던 중 한 남자가 시위대를 향해 차를 돌진해 세 명을 치었다. 다행

출처: "Gender Recognition Act: Trans rights versus feminism?", *Socialist Review* 427(Sep, 2017).

히 셋 모두 심각하게 다치지 않았다. 한 목격자에 따르면 운전자는 사람들을 향해 돌진하면서 가운데 손가락을 들어 보였다고 한다.

[미국에서는] 키위 헤링을 포함해 올해에만 적어도 트랜스젠더 18명이 살해당했다. 살해당한 트랜스젠더의 다수는 키위 헤링처럼 흑인 여성이다. 키위 헤링의 가족은 트랜스젠더 혐오자인 한 이웃이 상당한 기간 동안 그녀를 괴롭혔다고 진술했다.

키위 헤링의 사례를 소개하는 이유는 트랜스젠더의 권리에 관한 논의는 트랜스젠더가 겪는 차별의 실상을 아는 것에서 출발하는 게 정말로 중요하기 때문이다. 앞서 서술한 사건들은 인종차별과 트랜스젠더 혐오가 체계적이고, 편견에 찌든 개인과 국가가 트랜스젠더에게 위해를 가한다는 것을 보여 주는 사례다. 또한 트랜스젠더와 그 지지자들이 이런 현실에 그저 침묵하지 않는다는 것을 보여 준다.

오늘날 트랜스젠더 혐오는 만연하다. "2016년 갤럽 혐오 범죄 보고서"에 따르면, 트랜스젠더의 79퍼센트가 혐오 범죄를 겪었다. 그중 32퍼센트가 겪은 혐오 범죄는 폭력적이었다(성소수자의 25퍼센트가 폭력적 혐오 범죄를 겪는데, 그보다도 더 높은 수치다). 또한 16퍼센트는 성폭력을 당했다(성소수자의 경우는 9퍼센트다). 다양한 연구를 보면, 41퍼센트에 이르는 트랜스젠더가 자살을 시도했다. 전체 인구의 자살 시도율은 1퍼센트 미만

인데 말이다. 트랜스젠더의 인구 대비 수감률도 불비례적으로 높다.

최근 도널드 트럼프는 트랜스젠더의 입대를 금지하겠다며 트랜스젠더 혐오자에게 힘을 보탰다. 그는 트위터에 다음과 같이 썼다. "결정적이고 압도적인 승리에 집중해야 할 우리의 군대는 트랜스젠더 병사가 야기할 천문학적인 의료 비용과 혼란이라는 부담을 질 수 없다." 또다시 트랜스젠더는 '부담', 골칫거리, 의료 행위와 긴밀하게 결부된 사람으로 묘사됐다.

차별에 저항하려는 사람이라면 트랜스젠더가 처한 끔찍한 현실을 직시하고, 그들의 삶을 개선하는 투쟁을 지지해야 한다.

지난 몇 년간 트랜스젠더 운동이 부상하면서 몇몇 쟁점이 정치적 의제가 됐고 법률뿐 아니라 성별에 관한 용어도 바뀌었다. 이것은 젠더, 생물학적 성, 생물학, 해방의 의미에 관한 논쟁을 불러일으켰고, 여전히 그 논쟁은 진행 중이다. 동시에 트랜스젠더를 대하는 페미니스트, 노동조합 활동가 등의 태도가 예상 밖으로, 그리고 실망스럽게도 크게 갈린다는 사실을 들춰냈다.

핵심 논쟁은 영국에서 2004년에 제정된 성별인정법과 최근의 개정안, 즉 트랜스젠더가 자신의 법적 성별을 자기 선택만으로 더 쉽게 인정받도록 바꾸려는 것을 둘러싼 것이다.

〈모닝 스타〉에 교원노조 부위원장 키리 텅크스가 (개인 자격으로 쓴) 기고문이 실리면서 논쟁이 특히 뜨거워졌다. 텅크스는 성별인정법을 고치면 '여성'이라는 단어가 의미 없어지고 [여성에게] '안전한 공간'이 사라질 것이라는 등의 이유로 법 개정을 강력히 반대했다. 이는 그동안 주로 근본적 페미니스트가 제기한 주장, 즉 트랜스젠더의 권리를 인정하면 여성의 권리가 침해되고 심지어 여성의 안전도 위협받는다는 주장에 동조하는 것이다.

중요한 사실은 올해 상반기 교원노조 대의원 대회에서 이 논쟁이 벌어졌을 때 대의원들은 성별 자기 결정권을 압도적으로 지지했다는 것이다. 비슷한 논쟁이 앞으로 다른 노동조합에서도 벌어질 것이다.

성별인정법은 2004년에 통과될 때 비교적 진보적인 법이었다. 트랜스젠더가 성별 전환 수술을 거치지 않고도 자신이 원하는 성별을 공식적으로 인정받도록 했기 때문이다. 이는 중요한 조처였다. 일부 트랜스젠더는 [성별 전환] 수술을 받고자 하지만, 일부 트랜스젠더는 성별 전환을 이름이나 인칭대명사를 바꾸는 것, 또는 호르몬을 투여받는 것으로 이해하기 때문이다.

그렇지만 이 법에는 매우 큰 한계도 있다. 성별 인증서를 받으려면 개인의 성별을 법적으로 결정하는 사법 기구인 '성별 인증 심사위원회'의 승인을 얻어야 한다. 공식적으로 인정되는 자신의 성별을 바꾸려면 먼저 생물학적 성과 성별 정체성이 일치하지 않는다는 '성별 위화감' 진단을 받아야 하고, 자신이 원하는 성별로 최소 2년 동안 살아 본 후에 심사를 받아야 하고, 나

머지 인생을 그 성별로 살려는 의사가 확고한지 심사를 받아야 한다.

2년이라는 유예 기간 때문에 아직 자신의 성별을 공식적으로 인정받지 못한 트랜스 여성이 징역형을 받으면 남성 교도소에 수감돼 심각한 공격이나 강간, 괴롭힘에 시달렸고 종종 죽기도 했다. 2년간의 유예 기간 탓에 트랜스젠더는 각종 서비스에 접근하는 데 어려움을 겪고, 자신이 원하는 성별로 인정받으려면 각종 장애물을 통과해야 한다.

올가을에 논의될 성별인정법 개정안은 성별 인증서를 원할 경우 각종 진단이나 심사위원회의 승인 없이 자신의 선택만으로 가능하도록 하려는 것이다. 이미 덴마크나 아일랜드에서는 그렇게 하고 있다.

이 개정안을 균형감 있게 보자. 성별인정법 개정안은 트랜스젠더 혐오를 [근본적으로] 뿌리 뽑지 못할 것이다. 법으로 혐오를 없앨 수는 없다. 법률상 변화는 대체로 아래로부터 투쟁을 [수동적으로] 반영하는 경우가 더 많다. 그러나 개정안은 자신의 성별 정체성을 국가로부터 공식적으로 인정받고자 하는 트랜스젠더가 겪는 스트레스와 시간 낭비, 정서적 시련을 일부 덜어 줄 것이다.

그러므로 성별인정법 개정안을 지지해야 한다.

그러나 불행히도, 일부 근본적 페미니스트, 좌파, 노동조합 활동가는 이런 관점으로 접근하지 않는다. 예컨대, 키리 텅크스는 기고문에서 성별 자기 결정권이 '여성만 있는 안전한 공간'을 없 앨 것이라고 주장한다. 또한 '여성'이라는 개념을 폐기하고 생물학적 성과 젠더의 차이를 허물어뜨릴 위험이 있다고 주장한다.

개정안에 반대하는 흔한 주장 하나는 개정안이 통과되면 아동 강간범이자 살해범인 이언 헌틀리가 자신을 여성이라고 말해 여성 교도소에 갈 수 있고, 이것은 여성을 위험에 빠뜨린다는 것이다. 이는 솔직하지 않은 주장이다. 당연히 다른 사람을 공격할 소지가 다분한 폭력적인 수감자는 격리해야 한다. 그가 트랜스젠더든 아니든, 남성이든 여성이든 상관없이 그래야 한다. 게다가 여성 교도소가 '안전한 공간'이라는 전제도 생뚱맞다. 순전한 가정에 기반한 이런 주장이 매우 짜증나는 이유는 남성 교도소에 수감돼 실제로 폭력을 겪는 트랜스 여성의 현실에는 정작 눈감기 때문이다.

호주에 기반을 둔 학자 실라 제프리스는 근본적 페미니즘의 관점에서 2004년 성별인정법이 처음 도입될 때부터 반대해 왔다. 2008년에 쓴 글에서는 성별인정법이 성별 규범을 법률에 고착화하고 젠더(그녀가 보기엔 사회적 구성물이고 나쁜 것)와 성(생물학적 요소)의 구분을 흐린다고 주장했다. 성별인정법은 트랜스젠더가 지향하는 성별에 따라 법적으로 중요한 개념인 성을 바꾸도록 허락하기 때문에 문제라는 것이다.

이 두 주장에는 일말의 진실이 있다. 우선 성별인정법이 오직 두 성(남성과 여성)만 허용하고 모든 개인은 둘 중 하나로 자신을 규정해야 하기 때문에, 논바이너리나 간성으로 자신을 규정한 사람을 위한 조항이 없다는 약점이 있다. 그런데 제프리스는 이것을 문제 삼는 것이 아니다. 그녀가 보기에 젠더란 가부장제의 도구이고 가부장제와 함께 철폐돼야 할 것이다. 더 나아가 제프리스는 트랜스젠더라는 성별 정체성은 애초 존재하지 말아야 할 젠더 개념에 뿌리를 두고 있으므로 그 자체가 문제라고 주장한다.

젠더가 사라진 사회를 지향한다는 이유로 현재의 젠더 다양성을 부정하는 것은 마치 임금제도 철폐를 지향한다는 이유로 임금 인상 투쟁을 거부하는 것과 같다.(자본주의 초기 영국의 일부 마르크스주의자는 실제 그렇게 주장했다!) 이런 주장은 현실과 완전히 동떨어져 있고 운동과 개인에게 해악을 끼친다.

둘째, 성별인정법이 생물학적 성과 젠더를 명확히 구분하지 않는다는 제프리스의 지적은 옳다. 그러나 이는 성별인정법의 장점이다. 그 덕분에 성별 전환 수술을 원하지 않거나 받을 수 없는 사람도 성별을 바꿀 수 있기 때문이다.

한 트랜스 여성은 〈뉴 스테이츠먼〉에 이에 반대하는 글을 기고했는데, 오직 "잘못된 몸 안에 갇혔다"고 느끼고 그에 따라 몸을 바꾼 트랜스섹슈얼만 성별을 바꿀 수 있도록 해야 한다고 주장했다. 그러나 이런 주장은 최근 몇 년간 더 가시화된 트랜스젠더의 경험을 반영하지 못하는데, 많은 트랜스젠더는 타고난 몸이 어떠하든 자신이 원하는 성별로 살 수 있다고 느낀다.

일부 페미니스트는 한 개인을 '남자' 또는 '여자'로 만드는 것은 남성 혹은 여성으로 길러지는 경험을 통해서인데 트랜스젠더는 그런 경험을 하지 못한다고 주장한다. 남자아이로 길러진 트랜스 여성은 여자아이가 경험한 차별을 모른다는 것이다. 심지어 공중파 라디오 프로그램 〈여성의 시간〉 진행자는 트랜스 여성은 수십 년간 투쟁해 온 페미니스트와 달리 여성운동의 역사를 모르기 때문에 진정한 여성이 아니라는 식으로 주장했다. 이것이 어떻게 여성의 기준이란 말인가?

물론 남자아이로 자란 사람과 여자아이로 자란 사람은 다른 경험을 하겠지만 그것이 얼마나 중요할까? 인도의 여자아이와 스웨덴의 여자아이의 경험은 다를 것이다. 가난하게 자란 남자아이와 [영국 왕위 계승 서열 3위인] 조지 왕자의 경험은 판이할 것이다. 트랜스젠더는 성별 전환[이 법적으로 완료되기] 전까지 끊임없이 다른 성별로 불리는 고통을 겪을 것이다. 성별 전환 후에도 트랜스젠더라는 이유로 이 글의 서두에서 설명한 끔찍한 억압에 직면할 수 있고, 자신이 원하는 성별로 받아들여져도 여성인 경우에는 그에 수반하는 차별에 직면할 것이다.

핵심은 트랜스젠더에게 그들이 누구인지 말해 주는 게 국가나 노동조합, 여성운동의 일이 아니라는 것이다. 여성이 자신의 몸에 대한 결정권을 가져야 한다는 것은 여성운동의 핵심 요구다. 이런 자율성을 트랜스젠더의 자기 결정권에도 그대로 적용해야 하지 않을까?

일부 트랜스젠더 이론가는 페미니스트의 주장을 반박하며 생물학적 성이란 개념이 얼마나 안정적인지 의문을 제기한다. 인간의 성은 다양해서 단순히 둘[남과 여]로 나눌 수 없다는 것이다. 이것은 분명한 사실이다. 양성의 성기를 모두 가지고 태어나거나 둘 다 없이 태어나는 사람, 염색체 등의 비율이 다른 사람 등이 있다. 그러나 대다수 인간은 생물학적으로 남성이나 여성이고, 이것을 인정하는 것 자체가 그에 속하지 않는 사람을 무시하는 건 아니다. 젠더는 생물학으로 환원될 수 없다. 젠더는 (사람들이 상호작용하는 방법에 관한 거의 모든 것과 마찬가지로) 사회적으로 형성되고, 따라서 그 의미도 사회적이다.

그렇다고 해서 젠더는 단지 '선택'의 문제이고 정체성 정치에 기반한 라이프스타일에서 비롯한 것이고 '실존하는' 물질적 토대는 없다는 주장이 옳은 것은 아니다. 여성 차별의 토대는 (흔히 생각하는) 생물학에 있지 않다. 우리의 생물학적 특징은 20만 년 동안 변하지 않았고 대다수 기간 동안 여성은 차별받는 집단이 아니었다. 여성 차별의 뿌리는 지난 1만 년 전에 등장한 계급사회다. 계급사회는 사유재산(일부일처제와 부계 상속을 요구한다)과 여성의 무상 노동(재산 상속인을 낳아 돌보고, 현재와 미래의 노동자를 재생산한다)에 의존한다.

그리고 지난 수천 년 동안 젠더는 여러 방식으로 통제됐다. 중세 유럽에서는 크로스드레싱이 사형에 처해졌고 올해[2017년] 8월 미국에서는 한 소년이 머리가 길다는 이유로 학교에서 쫓겨나기도 했다.

남성, 여성, 아동순으로 서열을 정하고 그 외의 일탈을 용납하지 않는 경직된 부르주아 가족 개념은 19세기 영국에서 도입됐다. 당시 영국 지배계급은 순종적이고 건강하고 교육받은 노동자를 원했지만 그 비용을 지불할 생각은 없었다. 대신 여성이 집안에서 무상으로 일하도록 했다. 또한 여성은 유순하고 타인을 배려하고 집에 있는 걸 좋아하고 감정적이어야 하고, 남성은 강하고 외향적이고 가정을 책임져야 한다는 [성별 고정관념을] 강요했다. 이런 가족 형태에 동반된 사회적 윤리는 동성애와 성별 규정에 맞지 않는 다양한 '일탈'을 불법화했다.

따라서 트랜스젠더 차별과 여성 차별은 서로 상극이기는커녕 동일한 사회적 관계에서 비롯한 것이고 모두 함께 도전해야 할 문제다. 해악적인 성 역할을 바꾸고, 의료와 여러 서비스를 더 쉽게 이용하도록 만들고, 자신의 몸에 대한 자율성을 쟁취하는 것은 우리 모두에게 이로운 일이다.

노동조합운동은 트랜스젠더의 권리를 자신의 해방운동의 중요한 부분으로 받아들여야 하고, 논쟁이 필요한 곳에서는 논쟁을 해야 한다. 이는 다른 많은 운동에도 똑같이 적용된다. 트랜스젠더를 비판하는 페미니스트나 이 문제에 잘못된 태도를 취하는 사람들의 발언권을 아예 빼앗기보다는 그들의 주장을 논박하고 도전해야 한다. 건설적으로 논쟁하기를 거부하는 사람은 운동에 해악을 끼치는 것이다. ['전투적' 페미니스트를 자처하는] 저널리스트 줄리 버칠처럼 "(트랜스 여성은) 항상 화장을 하고 바지는 절대 안 입는 데다가 과장되고 순종적이고 눈웃음친다"는 따위의 모욕적 언사를 늘어놓는 사람은 억압에 맞서 싸우는 데 사실 아무 관심이 없다.

한 명에 대한 공격은 우리 모두에 대한 공격이다. 억압받는 한 집단이 전진하면 모두의 투쟁에 좋은 영향을 줄 수 있다. 이 점은 2015년에 성별 자기 결정을 허용하는 성별인정법이 통과된 아일랜드를 보면 알 수 있다. 이 법 때문에 여성이 위험에 처한 사례는 보고된 바 없다. 성별인정법이 아일랜드의 여성운동을 약화시키기는커녕 지난 2년간 낙태권 운동이 성장했고, 2015년에는 국민투표로 동성 결혼이 합법화됐다. 모든 전선에서 차별에 맞서며 전진한 덕분에 서로 자신감을 고무한 것이다.

트랜스젠더의 권리가 여성에게 피해를 준다는 주장은 증거가 없다. 반면 트랜스젠더가 권리를 보장받지 못해 피해를 입는다는 증거는 차고 넘친다.

트랜스젠더 권리를 지지해야 하는 이유

로라 마일스

최근 영국에서는 성별인정법(2004)과 평등법(2010) 개정을 둘러싼 논쟁이 벌어지고 있고 이 글은 트랜스젠더 권리를 둘러싼 이 논쟁에 개입하기 위한 것이다. 보수당 정부가 성별인정법 개정안을 발표하자 여러 사람들이 반발했는데 그중에는 좌파도 일부 있었다.

개정안은 트랜스젠더 차별을 나름 합리적이고 진보적으로 개선하려는 듯 보이고, 특히 노동계급과 비非백인 트랜스젠더에게 도움이 될 듯하다. 그러나 모든 좌파와 페미니스트가 이번 개정안에 긍정적인 건 아니다.

출처: "Sex, gender and gender identity: why socialist should support updating transgender rights"(2017. 10. 29), http://laurascorner.blog

일부 개정 반대론자는 명백히 트랜스젠더 혐오적이다. 트랜스젠더를 도무지 이해하려 하지 않고 적개심을 드러내며 심지어 트랜스젠더 차별이 존재한다는 것도 모르는 척한다. 트랜스젠더와 트랜스젠더의 권리를 지지하지 않는 사람들이 SNS에 불쾌한 내용을 잔뜩 올리는 데는 트랜스젠더에 대한 편견을 퍼뜨리는 언론의 책임이 크다.

8월에 트랜스젠더 아동을 지원하는 단체 '머메이드'는 자신들을 악의적으로 비난하는 게시글이 대폭 늘었다고 경찰에 신고했다. 그중에는 부모가 성별 전환을 고민하는 아이의 사춘기 억제제 사용을 허가한 것이 아동 학대라는 비난도 있었다.

안타깝게도, 현실을 모르는 게으르고 악의에 가득 찬 이런 자들이 온라인상에서 자신의 무지와 편견을 쏟아 내는 게 매우 쉽다. 이들은 자신의 행위가 어떤 피해를 낳을지 전혀 개의치 않는다. 그러나 이런 행위는 잠재적으로 트랜스젠더가 세상으로 나와 도움을 구하는 것을 더 주저하게 만든다.

개정안에 반대하는 사람이 모두 트랜스젠더를 노골적으로 적대하는 건 아니다. 여러 쟁점에서 급진적이고 진보적인 견해를 취하는 사람들 중 일부는 오해와 잘못된 두려움 때문에 정치적 혼란을 겪는 듯하다.

본격적으로 들어가기 전에 이 논쟁을 진행하는 바람직한 자세를 일러두고 싶다. 개정안에 우려를 표하는 사람을 무조건 트랜스젠더 혐오로 몰아붙이는 것은 진지한 토론을 어렵게 하고 불필요한 긴장을 낳을 것이다.

서로를 트랜스젠더 혐오, 여성 비하라고 비난하거나 여성이나 트랜스젠더라는 단어를 없애려 든다고 공격하는 것도 그다지 생산적이지 못하다. 차별받는 집단이 자신의 권리를 위해서라면 다른 사람의 권리를 무시해도 된다는 식의 주장도 있다. 그러나 여성의 권리와 트랜스젠더의 권리는 대립하지 않고 한쪽의 권리가 커진다고 다른 한쪽의 권리가 줄어드는 것도 아니다. 권리는 어느 한 집단이 많이 가져가면 바닥이 드러나는 '저장품'이 아니다.

심지어 일부 좌파는 개정안을 지지하는 사회주의자는 마르크스주의의 차별 분석을 내던지고 관념론이나 정체성 정치에 굴복할 위험이 있다고 주장한다. 성별 정체성의 실재를 인정하는 것이 그런 사례라며 말이다. 이런 매도는 완전한 정치적 오판이다.

나는 사회주의자가 저스틴 그리닝(보수당 정부의 교육부와 여성평등부 장관)이 7월에 발표한 개정안을 지지해야 한다고 확신한다. 그렇지만 개정안을 우려하는 좌파의 발언권도 보장해야 유익한 토론이 가능할 것이다. 예컨대, 사회주의자는 개정안에 비판적인 조합원을 징계하려는 일부 노조의 잘못된 시도를 지지해서는 안 된다.

성별인정법 개정안이나 트랜스젠더에 비판적이라는 이유로 누군가를 '트랜스젠더를 배제하는 근본적 페미니스트TERF'라고 부르는 것도 효과적이지 않을 듯하다. 동지적 토론을 어렵게 만들기 때문이다. 많은 트랜스젠더가 이 용어를 쓰지만 그 유용성은 한번 따져 봐야 한다. 무엇보다 개정안에 비판적인 사람들이 모두 저메인 그리어처럼 트랜스젠더를 배제하거나 적대하는 건 아니다.

트랜스젠더에 비판적인 사람은 아예 연단에 서지 못하도록 해야 한다(실제로 저메인 그리어를 상대로 그런 시도를 했다)는 주장도 부적절하다고 생각한다. 누군가의 발언을 가로막는 이런 전술은 좌파적일 때가 많고 반드시 필요할 때도 있다. 예컨대, 연설과 폭력을 결합시켜 반대파를 겁주고 원자화해 민주주의 자체를 파괴하려는 파시스트의 발언권은 박탈해야 한다.

파시스트가 유혈 사태를 일으킨 미국의 샬러츠빌에서는 미쳐 날뛰는 백인 우월주의자와 나치에 맞서 이런 전술이 필요했을 것이다. 그러나 트랜스젠더를 비판하는 사람(저메인 그리어, 줄리 빈델, 줄리 버칠, 실라 제프리스 등 대놓고 트랜스젠더를 배척하는 사람일지라도)에게 이런 전술을 사용하는 것은 부적절하고 비생산적인 데다 비민주적이고 지나치게 방어적으로 보일 것이다. 이런 사람과는 아주 대차게 공개적으로 논쟁해야 한다.

우리는 트랜스젠더의 진정한 적이 근본적 페미니스트가 아니라 자본주의 사회의 지배계급(차별받는 모두의 적이다)이라는 사실을 잊어서는 안 된다.

성별인정법 개정은 왜 필요한가?

성별인정법은 2004년에 토니 블레어가 이끄는 노동당 정부에서 통과됐다. 보수당 정부가 [1988년에] 만든 악명 높은 28조를 폐지한 것도 같은 정부였다. 2005년에는 시민동반자법이 실시됐고 2010년에는 성적 지향과 성별 재지정을 다른 사유(예컨대, 장애)와 대등한 차별 금지 사유로 지정한 평등법이 통과됐다. 2013년에는 데이비드 캐머런이 이끄는 보수당·자민당 연립정부가 동성결혼법을 통과시켰다. 다른 나라에서도 대략 10년 동안 여러 진보적 법이 통과됐다.

이것은 신자유주의적 규제 완화와 민영화가 늘어나고, 불평등이 심화하고, 전쟁과 긴축의 고통이 커지고, 인종차별주의와 무슬림 혐오가 확대되고, [복지비를 축낸다며] 장애인을 비난하고, 조직노동자 운동과 노동계급의 생활수준을 공격하는 와중에도 선진국의 중도 좌·우파 정부는 (성소수자 운동의 압력에 대응해) 사회자유주의 색채를 내세우고 최소한의 정치적·경제적 비용만 들여 '핑크 워싱'에 나설 수 있음을 보여 준다.

성별인정법은 15년 전에 처음 도입됐을 때는 분명히 진보적이었다. 영국에서 트랜스젠더의 권리(비밀 보장 등)를 보장하는 최초의 법이었을 뿐 아니라, 성별 인증서 발급 조건으로 성기 수술을 요구하지 않는다는 점에서도 그랬다.

그러나 최근에는 상황이 많이 달라졌다. 관련 용어가 상당히 변했을 뿐 아니라 커밍아웃하는 트랜스젠더가 놀라울 정도로 늘었는데, 부분적 이유는 분명 성별인정법 때문이다.

트랜스젠더는 이제 더 눈에 띄고 새로운 방식으로 (예컨대, 성별 이분법을 벗어나서) 자신의 성별을 정의하기도 한다. 성별인정법이 통과된 2004년 이후 시간이 흘렀기 때문에 일부 조항은 변화된 현실을 따라가지 못하고 있다. 18세 이하는 적용받지 못하고 성별 인증서를 받으려면 [자신의 성별 정체성을] 정신과 의사에게 먼저 '증명'해야 한다는 게 대표적이다.

나 자신의 경험도 성별인정법의 한계를 피부로 보여 준다. 약 10년 전에 나는 성별 인증서를 신청해서 예비 인증서를 받는 단계까지 갔다. 이를 위해 상당한 정신적·경제적 비용을 들여 까다로운 조건과 의료적 조건을 충족했다. 그런데 결혼한 트랜스젠더는 기존 혼인 관계를 무효화해야 한다는 조항 때문에 정식 인증서를 받지 못했다(당시에는 [동성결혼법이 통과되기 전이라] 성별인정법이 동성 결혼 합법화에 이용되지 않도록 하려고 만든 조항이었다).

파트너인 아내와 나는 이처럼 부당한 요구 앞에 할 말을 잃었고 이혼이 야기할 각종 혼란을 우려해 정식 인증서를 포기했다. 그래서 나는 (상당수 트랜스 여성과 마찬가지로) 60세가 돼도 연금을 받을 수 없다.* 여성으로 살고 있고 모든 서류와 기록을 여성으로 바꿨는데도 말이다.

동성결혼법이 통과되면서 혼인 취소 조항은 사라졌지만 성별인정법은 여전히 '배우자 거부권'을 인정하고 있다. 결혼한 트랜스젠더의 성별 인증서 신청을 배우자가 거부할 수 있도록 하는이런 조항은 사라져야 한다.

이런 점을 보면 트랜스젠더가 왜 현행 성별인정법에 불만을느끼는지 이해하는 게 그리 어렵지 않을 것이다. 게다가 트랜스젠더는 교육, 고용, 주택, 보건 등 일상 구석구석에서 차별을 겪고 폭력과 혐오 범죄에 쉽게 노출된다.

그러나 모든 사람이 이런 현실을 인정하는 게 아니기 때문에개정안과 그 함의에 대한 토론은 격해지고 악에 받친 언쟁이 되기도 한다. 그런데 트랜스젠더 권리에 으레 적대적일 것이라 예상되는 세력(우파 언론과 논평가, 일부 종교 단체, 트랜스젠더에 비판적인 페미니스트의 블로그와 웹사이트 등)뿐 아니라 사회주의 페미니스트, 노동조합 좌파와 일부 트랜스젠더마저 개정안에 비판적인 목소리를 내고 있다.

---

* 영국의 연금 수령 나이는 남녀가 달라 여성은 60세이고 남성은 65세다.

일부 트랜스젠더가 개정안에 비판적이라는 점은 '트랜스젠더 운동'이나 '트랜스젠더의 견해'가 단일하지 않다는 것을 보여 준다. 트랜스젠더의 목표, 염원, 정치적 관점은 천차만별이다. 몇 주 전, 기자이자 아나운서인 인디아 윌러비가 '화장실 문제'에서 트랜스젠더에 비판적인 페미니스트를 편들고 나선 것은 이를 잘 보여 준다. 윌러비는 일부 트랜스 여성이 '진정한' 여성을 자처하고 여성 전용 시설을 사용할 권리를 주장해 자신같은 '진정한' 트랜스섹슈얼이 괜시리 피해를 보고 있다고 말했다.

윌러비의 처신은 '패싱 여성의 특권' 또는 '사다리 걷어차기'의 사례로 매우 실망스럽지만 전혀 새로운 일이 아니다. 몇십 년 전만 해도 많은 트랜스섹슈얼은 자신이 크로스드레서, '트랜스베스타잇'과 완전히 다르다고 생각했고, 이 두 집단은 흔히 자신을 동성애자와 다르다고 여겼다(당시 양성애자는 거의 거론조차 되지 않았다).

사회주의자는 트랜스젠더와 여성이 현실에서 겪는 차별이 실질적임을 인정하는 데서 출발해야 한다. 그다음에 이런 차별에 맞서 어떻게 싸우고 승리할 수 있는지를 제시해야 한다. 그러려면 차별의 뿌리를 알아야 하는데, 사회주의자는 차별이 계급사회와 핵가족의 구실에서 비롯한다고 분석한다.

그러나 분석은 출발점을 제공할 뿐이다. 현재 논쟁에 추상적으로 접근하면 아무 소득도 없을 것이다. 결국 중요한 것은 (마르크스의 말을 살짝 바꾸자면) 세상을 단지 해석만 하는 게 아니라 바꾸는 것이기 때문이다. 그런데 트랜스젠더 권리 문제에 관한 주장이 대부분 추상적이고 핵심을 놓친다.

사회주의자는 여성·트랜스젠더 차별에 대처하는 구체적 방법을 진지하게 분석해 제시해야 하고 여성운동과 트랜스젠더 운동이 단결하도록 해야 한다. 차별의 특정 측면에 맞서고 개혁을 쟁취하려면 요구를 구체적으로 정식화하고 조직을 꾸리고 연대를 구축하고 싸워야 한다. 지금의 논쟁은 이런 관점에서 접근해야 한다.

마르크스주의자는 차별이 일부 자본주의 사회에서 나타나는 부적절하고 일시적인 결함이라거나 교육으로 해결할 수 있는 문제라고 생각하지 않는다. 차별은 자본주의의 풍토병 같은 것이고, 자본주의가 노동에서 이윤을 뽑아내고 축적하는 과정을 경제적·이데올로기적으로 포장하는 데 필요하다.

21세기에 접어들었지만 2008년에 경제 위기가 닥치고 노동계급의 임금과 노동조건에 대한 신자유주의적 공격이 강화되면서 여성 차별이 더 심해졌고 이 때문에 수많은 여성이 고통받고 있다. 전 세계의 소녀 수백만 명이 교육을 받지 못하고 여성 할례를 강요받고 한평생 양육과 가사를 도맡아 하며 노예처럼 산다. 가난 때문에 수많은 여성은 자신의 존엄성을 거슬러 성매매로 내몰리고 심지어 인신매매당해 '성 노예'가 되기도 한다. 여성 노동자는 대체로 남성과 대등한 지위와 임금을 누리지 못한다.

많은 나라에서 트랜스젠더 차별도 더 심해졌다. 긴축과 세계화의 충격은 흔히 트랜스젠더를 희생양 삼았다. 트랜스 여성은 HIV 감염에 취약한 집단이다. 트랜스젠더는 대부분 사회적·경제적으로 소외돼 있고 가족에게 버림받기도 한다. 물리적·성적 학대에 쉽게 노출되고 안정적 일자리와 집을 구하기도 매우 힘들다.

혁명적 사회주의자는 이런 소외, 착취, 차별을 없애고 궁극적 해방을 이룰 수 있는 길은 노동계급을 동원해 온갖 차별을 양산하는 원인인 자본주의 생산관계를 타도하는 것뿐이라고 주장한다.

이런 사회변혁 전략과 특정 개혁을 쟁취하려는 활동을 변증법적으로 연결하는 것은 매우 중요할 뿐 아니라 가능한 일이다.

현재 논쟁의 배경

영국의 일부 근본적 페미니스트(저메인 그리어, 줄리 버칠, 줄리 빈델 등)는 오랫동안 트랜스젠더를 혐오하는 근본적 페미니즘의 주장을 확산하려 애썼다. 줄리 버칠과 줄리 빈델이 주요 신문에 트랜스젠더 혐오를 부추기는 역겨운 글을 기고하자 여기저기서 비판의 목소리가 터져 나왔고 트랜스젠더와 그 지지자들도 성공적으로 항의 행동을 건설했다. 이 페미니스트들은 1979년에 재니스 레이먼드가 《트랜스섹슈얼 제국: 쉬메일의 형성》에서 제시한 트랜스젠더 혐오 전통에 서 있다.

최근에는 BBC 라디오 〈여성의 시간〉 진행자 데임 제니 머리가 트랜스 여성은 여성으로 사회화하지 않았기 때문에 '진정한' 여성이 아니고 진정한 페미니스트도 될 수 없다고 말해 큰 논란을 일으켰다.

페미니스트 저술가 치마만다 응고지 아디치에도 트랜스 여성은 여성으로 태어난 사람과 경험이 다르다고 말해서(비록 트랜스젠더를 지지한다는 말도 덧붙였지만) 그녀를 높이 평가하는 많은 이들에게 크나큰 실망감을 안겨 줬다.

이런 주장을 하는 사람이 이 둘만은 아니다. '트랜스젠더 트랜드' 등 [트랜스젠더 혐오적] 웹사이트와 블로그는 이미 수년 동안 '트랜스젠더 로비'가 사회를 위협한다고 떠들어 왔다. 저스틴 그리닝이 성별인정법을 개정해 성별 인증서 발급 절차를 간소화하겠다고 발표하자([급진 좌파이자 노동당 대표] 제러미 코빈과 [보수당 총리] 테리사 메이 모두 지지했다) 노동운동과 언론 일각에서는 이를 우려하는 목소리가 빠르게 부상했다.

현 정부는 오래 전부터 트랜스젠더 권리 문제를 검토하겠다고 밝혀 왔다. 부분적 이유는 성별인정법 집행 결과를 살펴볼 시기가 됐기 때문이다(보수당·자민당 연립정부가 집권한 2010년에 이미 성별인정법은 집행 수년째를 맞이하고 있었다). 트랜스젠더에게 중요한 여러 사안이 그동안 바뀌었다는 인식도 정부가 검토에 나서는 데 한몫했다.

그리닝은 성별인정법 개정을 위한 공론화 절차를 거쳐 그 결과를 2017년 가을에 발표하겠다고 했다. 개정안에는 '논바이너리', 즉 스스로를 남성이나 여성으로 규정하지 않는 사람이 출생증명서에 자신의 성별을 'X'라고 기재할 수 있도록 하는 방안도 포함된다.

정부 관계자는 이런 공론화 과정을 거치고 있다는 것은 적어도 중기적으로 성별인정법이 바뀔 수 있음을 보여 준다고 말한다(물론 의회 승인을 받아야 하지만 말이다).

개정안의 실제 내용은 무엇인가?

얼핏 봤을 때 개정안에 충격적인 내용은 거의 없다. 앞서 말한 내용과 함께 의료 기관 등 공공 기관이 트랜스젠더를 더 배려하고 직원을 훈련하도록 하는 내용이 포함됐다. 많은 트랜스젠더가 의료진의 부적절한 대우와 혐오를 경험한다는 사실을 반영한 것이다.

개정이 논의된 배경에는 '여성·평등 의회 위원회'(여야 의원이 모두 포함돼 있고 보수당 의원 마리아 밀러가 위원장을 맡고 있다)의 트랜스젠더 권리 보고서가 있다. 이 위원회는 여러 개인과 트랜스젠더 단체('스코틀랜드 트랜스젠더 연맹', '젠더화 정보원', '젠더 정체성 연구와 교육 협회' 등), 여성 단체와 페미니즘 단체, 관계 부처 장관, 공공부문 대표에게서 다양한 증거를 수집했다. 2016년 1월에 [트랜스젠더 평등] 보고서를 발간했다.

이 보고서의 주요 내용은 인용할 가치가 있다. 보고서의 개요는 다음과 같이 시작한다.

트랜스젠더는 (공공 서비스를 받을 때를 포함해) 일상적으로 심각한 혐오에 시달리고 이것은 심각한 결과를 낳는다. 트랜스젠더 청년은 절반가량이, 성인은 셋 중 한 명이 자살을 시도한다. 최근 유치장에 있던 트랜스 여성 두 명과 남성 교도소에 수감된 트랜스 여성 한 명이 목숨을 잃은 것은 트랜스젠더의 현실을 특히 적나라하게 보여 준다.

성별인정법(2004)은 당시에는 선구적이었지만 이제는 시대에 뒤처지고 있다. 성별인정법의 의료적 접근은 트랜스젠더의 정체성을 질병으로 치부하고 신청자의 자긍심과 자기 결정권을 침해한다. 정부는 성별 자기 결정 원칙에 부합하도록 성별인정법을 개정해야 한다.

또한 다음과 같이 이어진다.

평등법(2010)은 트랜스젠더를 보호한다는 점에서 커다란 전진이었다. 그러나 이 법에 명시된 '성별 재지정', '트랜스섹슈얼' 같은 용어는 낡은 데다 오해의 소지가 있고, 트랜스젠더 집단의 다양한 사람들을 포괄하지 못할 수 있다. 차별 금지 사유를 [기존의 '성별 재지정'에서] '성별 정체성'으로 바꿔야 한다.

국민보건서비스는 평등법에 따른 의무를 다하지 못해 트랜스젠더를 실망시키고 있다. 트랜스젠더는 국민보건서비스 전반에서 심각한 문제를 겪고 있다. 트랜스젠더에 대한 이해와 지식이 부족한 일부 의료진이 부적절한 태도를 보이거나 편견을 드러내기도 한다. 국민보건서비스는 트랜스젠더 혐오를 용납하지 않겠다는 목표를 달성하지 못했다. 의사들은 지나칠 만큼 자주 트랜스젠더에 대한 낮은 이해를 드러내고 이것은 트랜스젠더가 필요한 조처를 받지 못하는 것으로 이어지기도 한다. 국민보건서비스는 철저한 조사를 전국적으로 실시해서 보고서를 발간해야 한다.

그리고 다음과 같이 결론짓는다.

모든 정부 부처는 트랜스젠더의 권리를 제대로 보장하지 못하고 있고 2011년 '트랜스젠더 권리 진전'의 실천 계획은 거의 집행되지 않고 있다.

보고서는 실천 계획이 제대로 집행되지 않은 주된 이유로 제도화된 트랜스젠더 혐오를 지적하는데, 완전히 옳은 말이다. 그러나 2008년 금융 위기 이후 10년 가까이 계속된 신자유주의 긴축으로 복지와 사회 안전망이 축소된 것도 주요 원인이다.

'여성·평등 의회 위원회'는 트랜스젠더가 국민보건서비스를 이용하거나 성별 전환에 필요한 지원을 받거나 성별 인증서를 신청할 때 계급과 재산이 상당한 영향을 미친다는 사실을 모르지 않았을 텐데 이 점을 보고서에 담지 않았다. 그렇지만 이를 지적하는 여러 보고서와 필자가 있다. 예컨대, 팻 클린턴은 〈소셜리스트 리뷰〉에 다음과 같이 썼다.[1]

모든 의료 행위가 그렇듯이 [젠더 정체성 클리닉도] 사실상 두 종류가 있다. 부자용 클리닉은 대기 시간이 거의 없고, 다른 사회적 요소는 고려하지 않고 오로지 돈에 따라 상이한 의료 서비스를 제공한다. 반면 평범한 사람들이 이용하는 클리닉은 예산 삭감에 시달리고, 대기 시간이 끔찍할 정도로 길고, 트랜스젠더에게 필요한 것이 무엇인지보다 그 사람에 대한 의료진의 가치판단에 따라 의료 서비스를 제공한다.

영국 노총이 2016년에 간부에게 보낸 트랜스젠더 관련 안내문에는 다음과 같은 내용이 담겨 있었다.

트랜스젠더는 직장에서 엄청난 차별에 직면한다. 2016년 3월 취업 알선 회사가 실시한 조사에 따르면, 트랜스젠더 노동자의 60퍼센트가 직장에서 여러 형태의 차별을 경험했고 53퍼센트는 자신이 트랜스젠더임을 직장 동료에게 숨길 필요가 있다고 느꼈다. 2011년 정부 설문에서도 비슷한 결과가 나타났고 "응답자 88퍼센트는 직장에서 겪는 가장 큰 어려움으로 트랜스젠더에 대한 동료들의 무지를 꼽았다."

개정안의 세부 내용

'여성·평등 의회 위원회'가 개정을 권하는 일부 내용은 논란거리가 비교적 적다. 예컨대 다음이 그렇다.

· 성별 전환 사실을 비공개하고 자료 유출을 막기 위한 절차와 제재를 더 강화할 것

· 국민보건서비스 종사자를 충분히 교육할 것

· 트랜스젠더가 정신 질환이라는 낙인을 최소화하기 위해 젠더 정체성 클리닉을 정신 건강 서비스에서 제외할 것

그러나 다음의 내용은 논란거리다.

· 성별인정법의 '동의연령'을 현행 18세에서 16세로 낮출 것

· 공문서의 성별 표기란에 셋째 항목('X') 추가를 검토할 것

· 평등법(2010)의 차별 금지 항목에 있는 '성별 재지정'을 '성별 정체성'으로 바꿀 것

· '성별 이분법에 속하지 않는 사람'이라는 법적 항목을 신설할 것

일부 사람들은 특히 **자기 결정**으로 성별 인증서를 획득할 수 있도록 하는 다음의 권고에 격하게 반응했다.

성별인정법 개정은 다른 영역에서 제시·적용된 [성별] 자기 결정 원칙에 부합하는 방향으로 이뤄져야 한다. 다분히 의료적이고, 준사법적 성격이 강한 현재의 [성별 인증서] 신청 과정을 대신할 행정 절차가 마련돼야 하고 이 절차에서는 의사나 변호사가 실시하는 고강도 진단이 아니라 신청 당사자의 바람을 중심에 놓아야 한다.

정부는 평등법의 차별 금지 항목에 있는 '성별 재지정'을 '성별 정체성'으로 개정하라는 권고를 검토하겠다고 밝혔을 뿐 정확한 답변을 내놓지 않았다.

이렇듯 권고 사항 중 논란이 되는 일부는 언제 시행될지(심지어 개정안 포함 여부도) 아직 불확실하다. 특히 브렉시트를 둘러싼 논의가 한동안 의회를 압도할 것이다.

그렇지만 그리닝의 발표는 뜨거운 논쟁을 불러일으켰고 개정안을 일부 또는 전부 반대하는 다양한 사람들이 온갖 목소리

를 높이고 있다. 이들의 목표는 반대 목소리를 높여 개정 시도를 막는 것인 듯하다.

개정에 반대하는 사람 중에는 〈타임스〉의 클레어 포그스, 〈뉴 스테이츠먼〉 부편집장 헬렌 루이스(〈타임스〉에도 관련 글을 썼다)가 있다. 일부 좌파와 (그다지 좌파적이지 않은) 노동조합 지도자를 주요 독자로 삼는 〈모닝 스타〉의 여러 필자도 개정 시도에 비판적이다.

종교적 편견에 찌들었거나 '가족 가치 수호' 운운하는 집단이 트랜스젠더 혐오를 앞세워 개정을 반대하는 것에 일일이 답변하는 것은 분명 시간 낭비다. 한 기독교 의학 사이트는 성별 위화감이 치료가 필요한 정신 질환이고 '치유'가 가능하다고 주장한다. 이것은 확실한 증거를 무시하고 수많은 트랜스젠더와 정신과 의사의 의견을 정면으로 거스르는 것이다. 사회주의자는 동성애 혐오에 타협하지 않는 것과 마찬가지로 조야하기 짝이 없는 이런 트랜스젠더 혐오 주장을 단칼에 거부한다.

'트랜스젠더 트랜드' 웹사이트는 트랜스젠더 '운동'을 비판하는 데 열을 올린다. 이들은 트랜스젠더의 공세적 로비가 정부와 기관을 '협박'해 극소수에 불과한(소수의 권리는 무시해도 된다고 전제하는 듯하다) 트랜스젠더의 권리를 보호하도록 만들어 특히 젊은 세대가 피해를 보고 있다는 생각을 퍼뜨린다.

이 사이트는 '트랜스젠더 옹호론' 탓에 학교와 보육 시설에 다니는 아이의 보호 수단이 줄고, '부모의 권리'가 무시되고, 젊은 세대의 이익이 침해되고, 여성의 권리와 법적 보호가 훼손되고 있다고 주장한다.

그러나 [성소수자 지지 단체] 스톤월과 머메이드의 대변인(과 여러 사람)이 지적하듯이 오늘날 나이 어린 트랜스젠더는 일정한 보호를 받지 못하면 심각한 피해를 입을 수 있다. 어린 트랜스젠더와 논바이너리는 괴롭힘과 차별을 훨씬 많이 당하고 자해와 자살 시도율도 매우 높다.

트랜스젠더가 받을 수 있는 도움과 조언을 제도화하고 법을 바꾸고 직원 교육을 강화하자는 등의 개정안을 판단할 때는 무엇보다 이런 현실에서 출발해야 한다. 아무것도 하지 말고 현재 상태를 유지하자는 것은 트랜스젠더가 일상적으로 겪는 지독한 혐오를 외면하겠다는 것이다.

이것은 사회주의자가 결코 지지할 수 없는 태도다. 그런데 실망스럽게도 일부 좌파가 트랜스젠더를 비판하는 이런 태도를 보인다. 이들은 트랜스젠더를 지지한다고 주장하지만 추상적 수준에서만 그럴 뿐이다.

일부 좌파(특히 노조 지도부에 포함된)는 트랜스젠더의 권리를 확대하는 이번 개정안을 의혹에 가득 찬 눈으로 바라본다. 개정안이 노동조합운동이 핵심적 구실을 하며 힘들게 쟁취한 여성의 권리를 침해할 수 있다는 것이다.

그래서 몇몇 노조 대의원 대회에서는 (저스틴 그리닝이 개정 추진을 발표하기 전부터) 트랜스젠더의 권리를 둘러싼 논쟁이 벌어졌다. 특히 2017년 4월 교원노조 대의원 대회에서 트랜스젠더 관련 결의안에 대한 논쟁이 뜨거웠다.

교원노조의 일부 지도적 활동가는 개정안에 비판적이었지만 다른 활동가들은 개정안을 지지했다. 내가 속한 사회주의노동자당의 교사 조합원들도 개정안 찬성파였다(나 자신은 교원노조가 아니라 대학노조UCU 조합원이다). 논쟁은 그때부터 계속 이어졌고 일부 지역에서는 상당히 날카로운 신경전도 벌어졌다.

그런데 교원노조 대의원 대회에서는 트랜스젠더가 자기 결정에 따라 성별 인증서를 신청할 수 있어야 한다는 주장이 압도적인 지지를 받았다. 이를 보면 교원노조 등 논쟁이 첨예하게 벌어진 노조의 현장조합원 대표는 대체로 개정안을 지지하는 반면 일부 좌파 지도자와 그들의 지지자는 개정안에 반대하는 형세인 듯하다.

교원노조에서 특히 논쟁이 첨예했던 데는 교원노조가 교사강사연합ATL과 합쳐 새로운 교육노조NEU를 만드는 과정에 있었기 때문인 듯하다. 트랜스젠더 쟁점이 현재 벌어지고 있는 정치적 재편성 과정에서 피뢰침 구실을 하며 논란의 중심에 있는 듯하다.

교원노조 집행위원 키리 텅크스가 개인 자격으로 〈모닝 스타〉에 기고한 다음의 글은 개정안에 반대하는 일부 노동운동 활동가를 더 부추겼다.

자신의 '젠더'를 스스로 정의할 수 있다고 인정하면 '성'의 법률적 의미가 흔들릴 것이고 그러면 여성과 성차별·억압에 맞선 여성의 저항 능력이 심각한 영향을 받을 수 있다. … 자기 결정권은 우리가 어떻게 규정되는지의 문제이므로 우리 모두에게 커다란 영향을 미친다. 그리고 여성은 차별받는 집단(평등을 위한 투쟁에서 한 번도 승리하지 못했거나 그 승리가 유지되지 못한 집단)이기 때문에 이번 개정안의 영향을 가장 크게 받는다. … 특정 집단에 속하는 사람을 지칭하는 용어는 그 집단에 속하는 모든 사람이 함께 정해야 한다.*

이어서 텅크스는 '여성'이라는 용어가 다양하게 쓰여 사라질 위험에 처해 있다고 비판했다. 트랜스젠더와 논바이너리 지지자들이 여러 낙태권 지지 단체에 '여성'이라는 말을 다른 표현으로 대체하라는 압력을 가하고 있다며 이를 비판했다.

텅크스는 일부 활동가도 '성'을 '젠더'로 대체하려 한다면서,

---

* 트랜스 여성이 타인의 동의 없이 자신을 '여성'으로 지칭해서는 안 된다는 취지다.

이것은 좌파뿐 아니라 광범하게 받아들여지는 정의(이른바 성은 생물학적인 것이고 젠더는 사회적으로 구성된다는)를 뒤집으려는 시도라고 비판한다.

이런 비판에 타당한 측면도 일부 있지만 '성'을 이분법적으로 보는 텅크스의 전제는 금세 문제에 봉착한다. 여러 유형의 간성이 존재하고 성을 규정하는 우선 요소(난소나 고환, 염색체, 호르몬, 임신 가능성, 2차 성징, 두뇌 작용 등)가 무엇인지 하는 복잡한 정치적 선택과 맞물려 있기 때문이다.

나는 인간의 생물학적 성이 각양각색이라고 생각하지 않는다(성별과 성별 정체성은 다양할 수 있겠지만 말이다). 인간은 재생산 능력을 기준으로 크게 두 집단으로 나뉘고 간성은 소수의 예외에 속한다. 그러나 성별 정체성은 그렇지 않다(이 점은 뒤에서 설명하겠다).

또한 '여성'이라는 용어를 대체하려는 시도에 대한 텅크스의 비판에 일부 일리가 있음도 밝혀야겠다. 나는 낙태권을 요구하는 단체가 자신의 단체명이나 유인물에서 '여성'이라는 단어를 빼야 한다는 주장을* 지지할 생각이 없고 이런 주장이 촉발하

---

* 트랜스 여성은 여성이지만 임신과 낙태를 하지 않기 때문에 낙태권 지지 단체가 주장을 펼 때 '여성의 선택' 대신 '자궁을 가진 사람의 선택' 등의 표현을 쓰자는 것이다.

는 불편함을 이해한다.

'여성'이라는 단어를 버리지 않고도 트랜스젠더와 논바이너리를 포괄하는 여러 용어를 이용해 트랜스젠더의 존재를 인정하고 이들의 우려를 불식할 수 있다.

몇몇 쟁점은 더 자세하고 긴 논의가 필요하지만 이 글의 취지에서 벗어나므로 나중에 다른 글에서 다루겠다. 지금부터는 이 글의 본래 취지였던 개정안을 둘러싼 가장 뜨거운 논쟁을 다루겠다.

논쟁 1: 자신의 성별을 스스로 결정하면 안 되는가?

성별 자기 결정으로 성별 인증서를 신청할 수 있도록 개정하면 기존 절차에서 몹시 힘들고 불쾌했던 많은 요소를 거의 단박에 없앨 수 있다. 그렇다고 누군가 어느 날 갑자기 '날씨도 좋은데 성별이나 바꿔 볼까' 하면서 자신을 '반대' 성별로 밝히면 자판기에서 성별 인증서가 발급되는 게 아니다. 일부 개정안 비판자는 이런 식으로 절차가 완전히 사라질 것처럼 호도한다.

현재의 논의를 보면 성별 자기 결정권을 인정하더라도 여전히 법적 서약과 증인, 증거 문서 등 일련의 등록 절차가 남아 있을 것이다. 물론 수십 장에 달하는 문서를 작성하고 의사와 정신과 의사의 소견서, 병원 기록 등을 제출하는 신청 절차가 간

략해져 2015년에 성별인정법을 도입한 아일랜드에서처럼 3장 정도의 문서를 작성하게 될 듯하다.

아일랜드에서 이 제도가 오래 시행된 건 아니지만 그래도 내가 아는 한 개정안 비판자들의 우려처럼 악용된 사례는 없다.

논쟁 2: 성별 자기 결정권은 여성 전용 공간을 위험에 빠뜨리는가?

성별 자기 결정권을 제도화하는 것에 반대하는 사람들이 제기하는 또 다른 주요 쟁점은 트랜스 여성이 여성 전용 공간(가정 폭력 피해 여성 쉼터, 여자 화장실이나 탈의실 등)을 사용하는 문제다. 평등법(2010)은 공간 이용에 대한 차별을 일반으로 금지하지만 이런 공간은 대체로 예외로 인정한다.

개정 반대론자는 트랜스 여성이 여성 전용 공간, 즉 여성운동이 힘들게 싸워서 쟁취했고 여성 차별이 여전히 만연한 자본주의 사회에서 꼭 필요한 안전한 공간을 침해한다고 주장한다.

이들은 여성의 안전이 위협받을 수 있다는 우려가 무시되고 있다고 주장한다. 비슷한 주장이 미국 노스캐롤라이나주의 '화장실 전쟁' 당시에도 제기된 바 있다(노스캐롤라이나주에서는 지속적이고 광범한 반대 덕분에 그 법은 철회됐고 이 과정에서 수백만 달러를 낭비했다).

그런데 [개정안이 통과되면] 끔찍한 상황이 일어날 것이라고 주장하는 사람들은 정작 트랜스젠더, 특히 유색인 트랜스젠더가 일상적으로 겪는 끔찍한 폭력에 대해서는 말하지 않는다. 성별 인증서가 없어 출생 당시의 성에 따라 남성 또는 여성 시설에 있는 트랜스젠더는 심리적·물리적 위험에 처한다. 2015년에서 2016년 봄 사이 영국에서만 트랜스 여성 3명이 남성 교도소 안에서 목숨을 잃었다.

트랜스젠더를 배제하려는 사람들은 트랜스젠더가 [공공장소에서] 당하는 공격과 가정 폭력(트랜스젠더는 대체 어디에서 보호받으란 말인가?)을 못 본 체하고, 트랜스젠더가 자해, 우울증, 자살 충동에 쉽게 노출된다는 사실도 모른 체 한다. 성별이 뭐가 됐든 다른 모든 사람과 마찬가지로 트랜스젠더도 [필요할 때] 도움과 보호를 받을 수 있어야 하지 않을까?

이 쟁점이 제기되는 방식, 특히 트랜스 여성은 그저 여성 전용 공간에 침투해 여성에게 폭력을 행사하거나 추파를 던지려고 외모를 바꾼 폭력적 남성이라는 함의는 트랜스젠더 혐오적 가정이다. 이것은 성별 전환을 해도 트랜스 여성은 남성이고 트랜스 남성은 여성이라는 것이다.

이런 주장은 매우 중요한 사안을 가뿐히 제쳐버린다. 첫째, 폭력에 가장 많이 노출되는 트랜스 여성이야말로 여성 전용 시설이 가장 필요한 대상이다.(트랜스 여성의 여성 화장실 사용을 금지하는 조처는 일부 '유전적' 여성, 태생적 여성이 너무 '남성적'이라는 이유로 경찰이나 보안 요원, 사회의 폭력과 차별에 시달리게 만드는 기괴한 결과를 낳았다!)

둘째, [시스젠더] 여성도 교도소나 가정 등에서 폭력적일 수 있다. 등록된 성범죄자 가운데 여성이 트랜스젠더보다 훨씬 많은데도 논의가 온통 트랜스 여성이 잠재적 폭력범인지로 쏠리는 것은 문제다. 많은 연구는 여성 교도소가 남성 교도소 못지 않게 폭력적일 수 있다고 보고한다.

트랜스 여성이 태생적 여성에게 (성적인) 폭력을 가해서 체포된 경우는 거의 없다. 그런데도 이런 일이 광범하게 벌어질 것이라는 생각은 근본적 페미니즘의 통념, 즉 여성은 천성적으로 비폭력적이고 돌봄에 능하다는 본질주의적 믿음 때문인 듯하다.

셋째, 반대론자들이 놓치는 또 다른 점은, 여성 전용 공간에 들어갈 작정으로 여장한 남성은 성별 인증서 취득에 별 관심이 없다는 것이다. [그러므로] 성별 인증서 발급을 까다롭게 해도 이런 자를 막을 수 없을 것이다. 강간범이 뭐하러 성별 인증서를 발급받는(단서가 될 수 있는 서류도 남을 텐데) 수고를 한단 말인가? 작정하고 시도하면 가짜로 성별 인증서를 신청할 필요 없이 여자 행세를 할 수 있는데 말이다.

트랜스젠더의 성별 전용 공간 출입을 막는 것이 낳는 분명하고 확실한 결과는 트랜스젠더의 삶을 더 힘들고 위험하게 만든다는 것이다. 트랜스젠더를 비판하는 사람들은 대부분 이 문제를 간과하지만 사회주의자는 그럴 수 없다.

요컨대, 트랜스 여성의 성별 자기 결정권을 인정하면 심각한 문제가 발생할 것이라는 주장은 허수아비 때리기 식 논쟁이고 유언비어를 퍼뜨려 괜한 불안감을 조성하는 것이다.

자기 결정권을 살짝 다른 각도에서 살펴보자. 왜 일부 사람들은 여성이 낙태와 피임 등을 스스로 결정할 수 있어야 한다고 옳게 주장하면서 트랜스젠더가 성별 정체성에 맞게 자신의 몸을 스스로 결정하려는 것은 반대할까?

사회주의자는 이 문제에 어떻게 답해야 할까? 사회주의자는 트랜스젠더와 여성 모두 자신의 몸을 스스로 통제할 권리가 있음을 확실하게 인정하고 여성과 트랜스젠더가 안전을 요구할 권리를 방어해야 한다. 또한 모든 여성, 즉 트랜스젠더나 시스젠더의 안전을 극대화하고 위험을 최소화하는 실질적 개선 요구를 지지해야 한다.

반대론자들이 '부적절한 젠더'의 소유자를 배제하고 단속하는 데 열을 올리기보다 트랜스 여성을 포함한 모든 여성이 더 안전하게 이용할 수 있는 여성 전용 공간을 어떻게 만들 수 있을지를 고민한다면 훨씬 생산적인 토론을 할 수 있을 것이다. 예컨대, 사생활 보장 강화 방안, 인력 확충과 교육 훈련 강화 방안, 여성 전용 시설 관리 강화 방안, 공중화장실 안내원 재도입, 쉼터나 교도소의 안전한 독방 증설, 가로수 확대, 비상 호출 벨 강화 등 여러 가지를 논의할 수 있을 것이다.

현재 일부 시스젠더 여성의 편견 때문에 트랜스 여성이 여성 전용 시설에 못 들어가기도 하는데, 이런 일도 사라져야 한다. 트랜스젠더 혐오에 기초한 편견이 트랜스젠더의 안전과 보호보다 우대받는 이런 현실은 정말로 바뀌어야 한다.

반대론자들이 시야를 넓혀, 애초에 여성에게 '안전한 공간'을 필요하게 만든 이 체제를 어떻게 집단적으로(여성과 트랜스젠더가 모두 노동계급의 일원으로서) 바꿀 것인지를 고민해 보길 바란다.

그러면 긴축과 신자유주의 공격에 반대하는 목소리를 함께 발전시키고 차별받는 집단이 단결하고 연대하는 게 필요하다는 결론에 이를 것이다. 그리고 차별받는 집단이 이런저런 특징을 근본적 차이라고 여기며 서로 비난하고 희생양 삼고 누가 더 차별받는지를 겨루는 게 도움이 되지 않는다는 것도 알 수 있을 것이다.

논쟁 3: 성별 정체성은 단지 '느낌'일 뿐인가?

개정안에서 논란이 되는 또 다른 쟁점은 평등법(2010)의 차별 금지 항목을 '성별 재지정'에서 '성별 정체성'으로 바꾸라는 권고다.

일부 사람들은 '성별 정체성'이 (단지 '느낌'일 뿐이므로) 실제 범주가 아니라고 주장한다. 이 쟁점은 사회주의자가 성과 젠더(와 젠더 정체성)를 유물론적으로 어떻게 이해할 것인지, 나아가 '여성'과 '남성'을 어떻게 정의할 것인지와 긴밀하게 연결돼 있다.

그러나 트랜스젠더의 성별 정체성 내지는 '자아' 의식을 그저 '느낌'으로 치부하는 것은 트랜스젠더의 존엄성을 짓밟는 것이자 엄청난 모욕을 주는 것이다. 자아와 젠더에 대한 인간의 의식에는 느낌보다 훨씬 더 근본적인 무언가가 있다.

나는 트랜스 여성을 여성으로, 트랜스 남성을 남성으로 대하는 게 옳다고 보는데, 첫째는 그들이 자신의 성별 정체성을 그렇게 규정하기 때문이고(트랜스젠더의 판단력과 바람을 존중하자는 게 정말 그렇게 과도한 요구일까?), 둘째는 사회가 이들을 대하는 방식과 실제로 부합하기 때문이다. 트랜스 여성은 태생적 여성과 마찬가지로 여성 차별과 여성 비하에 시달린다(게다가 트랜스젠더임이 알려지면 트랜스젠더 혐오도 겪는다).

이런 주장은 태생적 여성이 겪는 차별을 가볍게 여기거나 어떤 식으로든 '여성'이라는 범주를 없애려는 게 결코 아니다.

성별 정체성이란 무엇인가? 성별 정체성은 자신의 생물학적 성에 대한 내면적 인식(그 성을 부정하거나 불편하게 여기는 것 등)과 사회의 성별 규범이 상호작용하면서 생겨나는 실재적인 것이다. 성별 정체성은 인간의 복합적 요소 가운데 하나이고 개인의 내면에 깊이 뿌리박고 있는 핵심 자아이지만 어느 정도 가변적이기도 한 것이다. 성별 정체성은 생물학적 성과 구별되지만 사회의 성별 규범을 단순히 내면화한 것이 아니다.

나는 2014년 《인터내셔널 소셜리즘》에서 성별 정체성을 다음과 같이 설명했다.

트랜스젠더에게는 생물학적 성과 성별 정체성이 불일치하는 것이다. … 젠더는 자신을 둘러싼 물질적 환경과 변증법적 관계를 맺으며 사회적으로 구성되고 따라서 어느 정도 가변적이다. 사람들이 자신을 어떻게 규정하고 설명하는지는 변할 수 있고, 이 점은 트랜스젠더도 마찬가지다. 성별 정체성이 가변적인 이유는 이것이 특정한 물질적·역사적·문화적 틀(예컨대, 계급 관계가 지배적인 자본주의 생산양식) 안에서 구성되기 때문이다. … 트랜스젠더는 이런 젠더 구속에 저항하려는 동기가 강한데, 이것은 성별 정체성이 (고정불변은 아니지만) 우리 내면에 매우 강하게 뿌리내리고 있음을 보여 준다. 그렇지 않다면, 트랜스젠더는 성별 이분법을 벗어난 행동과 정체성을 버리고 사회화될 수 있었을 것이다. 모든 사람은 태어나는 그 순간부터 젠더에 순응하라는 압력을 받으니 말이다.[2]*

---

* "트랜스젠더 차별과 저항", 이 책의 28쪽에 실려 있다.

논쟁 4: 남녀 이외의 성별을 공식 성별로 인정하면 안 되는가?

　개정 반대론자들은 법과 공문서에 남녀가 아닌 성별을 추가하면 온갖 혼란이 벌어질 것이라고 주장(또는 공상)한다. 이런 주장은 성별 이분법을 벗어난 사람들의 수가 상대적으로 매우 적다는 사실을 간과할 뿐 아니라 개념적으로도 잘못됐다.

　국가가 모든 사람의 성별을 이분법 안으로 욱여넣으려고 집요하게 애쓰지 않는 한, 남녀 이외의 성별 분류는 언제가 됐든 도입될 것이다. 이런 변화가 여성운동의 기반을 흔든다는 주장('여성'에 대한 통계가 엉망이 될 것이라고 전제한다)은 기존 방식을 고집하려고 이미 오래 전에 달라진 현실을 외면하는 관료적 관점과 매우 비슷하다.

　새로운 범주를 도입하면 공식 통계와 자료에 어느 정도 영향을 주겠지만(그조차도 한동안은 아주 미미할 듯하다) 일부 사람이 자신의 성별을 'X'나 '기타'로 선택하는 게 뭐 그리 큰 문제란 말인가? 지구가 망하는 일도 아니고, 설령 자료에 일부 문제가 생긴다 하더라도 젠더 다양성을 인정하는 게 인권을 보장하는 것이니 더 중요하고 현실을 더 정확하게 반영하는 방법 아닐까?

　출생 당시 성별을 다른 성별로 전환하는 사람 때문에 통계적 오류가 야기된다는 주장도 있다. 전체 인구에서 트랜스젠더의 비율이 적고(약 1~2퍼센트) 성별 전환을 이행하는 사람은 더 적기 때문에(영국인 7000만 명 가운데 성별인정법이 실시된 12년 동안 성별 인증서를 발급받은 사람은 4500명뿐이다) 이들이 남녀 임금 격차나 여성 대상 증오 범죄 통계에 미치는 영향은 매우 미미할 것이다.

트랜스 여성은 여성이고 트랜스 남성은 남성이고 일부 사람은 논바이너리라는 것이 널리 받아들여지고 공문서와 통계가 이를 반영하기 시작하면 이런 '통계적 오류'는 사라질 것이다.

인구조사에서 이에 맞는 질문을 고안하는 게 세상에 없는 기술을 요구하는 일은 아닐 것이다. 예컨대, 다양한 성별을 선택지에 포함하고 '출생 당시의 성별을 유지하고 있는가'를 물을 수 있다. 이런 식으로 나와 동료들은 대학노조의 조합원 실태 조사 문항을 만들었고 신체상에 관한 거의 모든 문항에 남녀 이외의 선택지를 추가했다.

논쟁 5: 트랜스 여성은 여성으로 사회화하지 않았고 경험도 다르므로 '진정한' 여성이 아니다?

일부 사람들은 트랜스 여성이 여성으로 사회화하지 않았으므로 '진정한' 여성이 아니라고 주장한다. 그러나 트랜스 여성도 분명히 여성 차별에 시달리고(왜 일부 페미니스트와 사회주의 자는 이 점을 중요하게 여기지 않을까?), 시스젠더 여성은 겪지 않는 차별, 즉 트랜스젠더 혐오도 겪는다. 그런데도 트랜스젠더 는 연대의 대상이 될 수 없다는 말인가?

사회화 과정을 이유로 트랜스 여성을 배제하는 주장의 근거 는 매우 빈약하다. 이런 주장은 여성의 사회화 과정이 동일하 지 않고 계급에 따라 상당히 다르다는 사실을 무시한다. 예컨 대, [도널드 트럼프의 딸] 이방카 트럼프의 사회화 과정은 로스앤젤 레스 노동계급 이주민 여성, 아니 전체 노동계급 여성과 가난한 여성 누구와도 완전히 다르다.

역사적으로 이런 태도는 특정한 경로로 사회화한 여성의 요 구와 필요를 주변화하거나 때때로 이런 여성을 아예 배제하는 문제를 낳았다(1970년대 여성해방운동에서 흑인 여성이나 레즈 비언이 그런 일을 겪었다).

결론

마지막으로 일부 반대론자들은 개정안을 찬성하는 것은 노동 계급의 적인 보수당 정권을 지지하는 것이라고 억지를 부린다.

테리사 메이와 갑부로 이뤄진 현 정부 인사가 노동계급의 친구가 아니라는 것은 자명하지만 그것과 어떤 개혁을 지지할지 말지는 별개의 문제이고, 더욱이 이 개정안은 트랜스젠더 단체들이 여러 정부를 향해 꾸준히 요구해 온 것이다. 게다가 이런 주장은 야당인 노동당의 제러미 코빈 대표가 이번 개정안을 지지한다는 사실과도 맞지 않는다.

개정안에 반대하는 일부 주장은 차별 일반, 특히 여성 차별을 이해하는 특정한 접근법과 명백하게 맞닿아 있는데, 이 접근법은 계급이나 핵가족의 구실을 중요하게 여기지 않는다. 계급은 기껏해야 **다양한 분류** 중 하나일 뿐이고 계급투쟁이 노동계급의 혁명적 잠재력을 변증법적으로 발전·실현하는 수단이라는 점도 인정하지 않는다. 또한 착취와 이윤 축적이 자본주의의 목적이자 차별의 원천이라고 강조하는 마르크스주의를 경제결정론이라고 배격한다. 그래서 마르크스주의가 여성 차별을 제대로 설명할 수 없다고 여긴다.

나는 이런 접근법에 반대한다. 마르크스주의는 여성 차별과 트랜스젠더 차별을 분석할 수 있는 유용한 틀을 제공한다.

반면 정체성 정치, 교차성, 특권 이론, 퀴어 이론은 인종·젠더·민족·종교 등 각종 정체성에 따른 차이를 자본주의 생산관계에서 비롯한 계급 차이보다 더 우선시한다.

이런 접근법은 근본적 약점이 있는데, 자본주의 사회의 핵심인 계급 분열이 낳는 결과, 즉 왜 누구는 온갖 부와 생산수단을 소유하고 누구는 선택의 여지없이 노동자가 돼야 하는지, 다음 세대의 노동자는 어떻게 재생산되고 사회화하는지를 설명하지 못한다.

또한 권력이 분산적이고 국지적이고 다층적이라고 보기 때문에 '투쟁'의 방식이 흔히 [집단적 저항보다는] 개인이 기성 권력 구조를 상대로 저항·전복·퀴어링에 나서는 것으로 축소되고, 자신과 자신의 '특권'에 도전하거나 다른 사람의 '특권'을 들춰내는 것도 정치 행위가 된다.

마르크스주의는 이런 관점을 거부하고 착취에 기반한 계급 관계가 핵심이라고 주장한다. 우리 편의 힘을 키우려면 "차별받는 사람들의 호민관"이 되려고 노력하고 자본가계급이 공통의 적임을 이해해야 한다. 그러므로 여성의 권리와 트랜스젠더의 권리를 지지하며 차별받는 사람들의 단결을 도모해야지 이들의 골을 더 부추겨서는 안 된다.

최근 논쟁에서 일부 사회주의자와 노동조합 활동가는 트랜스젠더의 억눌린 권리를 미약하게나마 개선하는 개정안을 반대하는 잘못된 길을 걷고 있다.

이는 레닌이 볼셰비키 당원에게 "차별받는 사람들의 호민관"이 되라고 촉구했던 것과 정확히 반대로 행동하는 것이다. 분열을 낳고 현실과 동떨어진 자유주의-부르주아적 주장으로 조직

노동계급의 일부를 이끄는 것은 차별받는 사람들이 투쟁에 나서고 반자본주의적 사회주의 운동을 건설하는 데 필요한 단결을 해칠 뿐이다.

트랜스젠더 혐오를
없는 셈 치는 주장에 대한 반론

로라 마일스

트랜스젠더가 스스로 성별을 결정하도록 하는 성별인정법 개정안을 둘러싼 논쟁이 계속되고 있어 이전 블로그 글을 보충·업데이트 하고자 한다.

논쟁이 차분해지기를 바랐는데 전혀 그러지 않았다. 지난 몇 주 동안 양쪽의 고성과 분노는 몇 단계나 더 높아진 듯하다. 나는 이 주제에 관한 의견을 SNS에 거의 남기지 않았는데 뭐라도 하나 올리면 불쾌하고 독기를 품은 반응이 터져 나오기 때문이다. 젠더 다양성을 드러내는 사람은 모조리 수용소에서 불살라

출처: "And once again ⋯ self-identification revisited, or how some people continue to ignore transphobia"(2017. 9. 1), http://laurascorner.blog

야 한다고 떠드는 빌어먹을 파시스트, 영원한 저주를 퍼붓는 열성 신도뿐 아니라, 가당찮은 논리 뒤에 교활하게 숨어 트랜스젠더의 존재를 부정하고 부지불식간에 혐오를 드러내는 일부 페미니스트와 좌파도 있다.

이런 혐오를 방치하면 트랜스젠더는 큰 피해를 입을 것이다. 나아가 여성과 트랜스젠더 모두에게 영향을 미치는 임금·노동조건·공공서비스를 공격하고 기업에게만 유리한 브렉시트 협상을 벌이는 테리사 메이의 보수당 정부에 맞서 단결된 운동을 건설하려는 좌파의 전망도 어두워질 것이다.

젠더와 성차별이 오늘날 다시(양상은 30~40년 전과 다르지만) 쟁점이 된 것은 이곳 영국과 세계 각국의 계급투쟁 수준이 낮은 것과 무관하지 않다. 이런 상황 때문에 계급과 계급투쟁이 아니라 정체성 쟁점(과 정체성끼리 충돌하는 듯 보이는 쟁점)이 오늘날 자본주의 사회관계의 주요 특징인 양 부각될 수 있는 것이다.

1978년 [영국의 혁명적 사회주의자] 토니 클리프는 〈소셜리스트 워커〉에 "사회주의자는 왜 동성애자를 지지해야 하는가"라는 글을 썼다(당시 상당수 좌파는 동성애자 권리 문제를 경제투쟁의 주의를 분산시키는 문제로 생각했고 심지어 부르주아적 일탈로 여기기도 했다).

클리프는 다음과 같이 썼다. "여전히 많은 사회주의자는 동성애자가 혁명에 동참할 수 있다는 생각을 받아들이지 못한다. 그러나 우리는 19세의 흑인 여성 동성애자가 미래의 런던 노동자평의회 초대 의장이 되기를 바라야 한다!"

클리프는 마르크스주의자가 차별받는 모든 집단을 지지하는 데서 출발해야 한다는 것을 이해했다. 그런데 지금 벌어지는 논쟁을 보면 일부 사람들은 트랜스젠더 문제에서도 그렇게 출발해야 한다는 것을 잊거나 트랜스젠더의 권리를 신장하면 여성의 권리가 침해된다고 잘못 생각한다.

그래서 일부 페미니스트와 사회주의자는 개정안으로 트랜스젠더의 삶의 무게가 조금 줄거나 자신감을 얻은 청년들이 성별 규범과 성별 이분법에 도전하고 커밍아웃할 가능성이 높아지는 것에 고무받기는커녕 편견 어린 우파의 반대 논리를 사실상 앵무새처럼 되풀이하고 트랜스젠더 혐오를 코드화한 주장과 왜곡을 퍼뜨리고 있다.

아이러니하게도 지난 10월 핑크뉴스상* 시상식에서 테리사 메이는 성별을 스스로 결정하도록 하는 성별인정법 개정안을 지지한다고 다시 한 번 밝혔다. 대대수 자유주의, 부르주아 정

---

* 성소수자 쟁점을 전문적으로 보도하는 영국의 인터넷 언론 〈핑크 뉴스〉가 매년 성소수자 권리 향상에 기여한 사업가, 정치인, 언론인, 활동가 등에게 수여하는 상.

치인은 동성 결혼 합법화 때처럼 이 쟁점으로 '핑크 워싱' 또는 '트랜스 워싱'해 노동계급 적대 정책을 가리려 한다. 다시 말해, 얄팍한 사회자유주의 가면을 쓰고서 신자유주의 경제 정책을 강화하고 노동계급에게 자본주의 위기의 책임을 떠넘겨 기업 생산성과 이윤율을 높이려는 것이다.

성별인정법 개정안에 대한 설문 결과 발표를 앞두고 찬반양론이 더 거세질 듯하다. 아래는 지난 한두 달 동안 벌어진 일과 그에 대한 짧은 논평이다.

9월 중순 런던 하이드파크에서는 일부 트랜스젠더 활동가가 성별과 성별 정체성에 관한 근본적 페미니스트의 모임 개최에 반대하는 과정에서 고성이 오가고 물리적 충돌도 벌어졌다. 나는 그 충돌의 세부적 내용이나 주된 책임이 누구에게 있는지 쓸 생각이 없다. 다만 차별받는 사람들이 서로 폭력을 행사하고 괴롭히는 일은 결코 용납될 수 없다는 것만 지적하고자 한다.

실제로 벌어진 일이 무엇이었든 간에 트랜스젠더에 비판적인 페미니스트 등은 이 충돌을 소재 삼아 모든 트랜스젠더를 공격하기 시작했다. 〈데일리 메일〉 등에 관련 기사가 실렸고[1] 트랜스젠더에 적대적인 글과 댓글로 SNS가 도배됐다. 여러 자유주의 페미니스트와 근본적 페미니스트의 공개 편지가 9월 24일 자 〈가디언〉에 실렸다.[2] 어떤 증거도 제시하지 않은 그 편지는 법률 개정(즉, 성별인정법 개정안) 과정에서 여성의 목소리를 배제하려는 정치적 목적 때문에 [트랜스젠더가] 폭력을 자행한 것이라 주장했다.

연설 불허 전술?

10월 초 〈가디언〉 등은 오랜 레즈비언 활동가 린다 벨로스가 옥스퍼드대학교에서 비어드소사이어티 주최로 열리는 강연에 초대받았지만 강연 내용에 트랜스젠더 정치에 대한 문제 제기가 포함될 것이라고 알리자 연사 섭외가 취소됐다는 것을 기사화했다.[3]

그러자 좌우를 망라한 논평가들은 이것이 연설 불허 전술을 잘못 사용한 사례라고 비난했다. 우파는 이 사례를 내세워 캠퍼스에서 '표현의 자유'가 침해되고 있다고 떠든다(최근 우파는 대학과 학생회를 압박하는 캠페인을 벌이고 있는데, 이들의 요구는 대학과 학생회가 [혐오 조장 세력을 상대로] 연설 불허 전술을 사용하지 말고 차별받는 집단이 이용하는 '안전 공간'을 방어하지 말라는 것이다).

일부 좌파는 저명한 페미니스트가 ('연설 불허' 전술 때문에) 강연 기회를 잃었다며 이 사례가 '트랜스젠더 로비'의 악영향을 보여 준다고 주장했다. 심각하게 삐뚤어진 주장이다.

이 사건은 표현의 자유를 침해한 게 아니었고 연설 불허 전술의 사례도 아니었다. 비어드소사이어티가 트랜스젠더에 비판적인 연설 내용을 이유로 린다 벨로스의 섭외를 취소했다면 그것은 전적으로 주최 측의 권한을 행사한 것이다. 이것은 '연설 불허' 전술이 아니다. 린다 벨로스의 연설을 막으려는 캠페인도 없었다. 일부 학생들이 별도로 린다 벨로스를 초청했다면 비어드소사이어티가 이를 가로막지도 않았을 것이다. 그렇지만 이 사건은 트랜스젠더를 비난하기에 딱 좋은 소재가 됐다.

10월 초 일부 페미니스트는 또 다른 사례를 들어 트랜스젠더가 여성 전용 공간을 침해한다고 주장했다. 케임브리지대학교의 [여자대학] 머리에드워즈칼리지가 트랜스젠더 여학생을 받겠다고 발표하자, 트랜스젠더 혐오론자인 저메인 그리어는 (예상대로) "말도 안 된다"고 주장했다.[4] 저메인 그리어의 트랜스젠더 혐오와 비방은 갈수록 심해지는데, 이것은 그녀가 영국 지배계급의 입맛에 맞는 '믿을 만한' 젠더 논평가(사실은 40년 전 얘기를 반복하고 있는 것이다)를 지향하는 것과 관계있다.

더 현대적 페미니스트인 켄트대학교의 조애나 윌리엄스도 〈데일리 텔레그래프〉에 머리에드워즈칼리지의 결정은 여성 전용 공간의 종말을 뜻한다고 썼는데, 이것은 트랜스 여성은 여성이 아니라는 것을 암시한다.[5]

아동 학대?

지난 몇 주 동안 트랜스젠더나 성별 이분법에 속하지 않는 자녀를 둔 부모와 트랜스젠더 지원 단체는 혹독한 비난에 시달렸다. 앤드루 길리건은 10월 8일 자 〈선데이 타임즈〉에서 트랜스젠더 아동 문제를 선정적으로 부각했다. 그는 트랜스젠더 아동을 지원하는 단체 머메이드가, 2016년 남자아이에게 여성 옷을 입히고 여자로 살도록 강요한 혐의로 재판에 회부된 아이 엄마를 지원했다고 주장하며 비난했다.

이윽고 트랜스젠더를 혐오하는 꼴통들(일부는 트랜스젠더 혐오를 확산하는 웹사이트 '트랜스젠더 트랜드'와 연계돼 있다)이 SNS에서 머메이드를 공격하고 나섰다. 사태를 묵과할 수 없다고 본 머메이드는 성명을 통해 길리건의 악의적 기사가 왜곡한 사실관계를 바로잡고 진상을 밝혔다.[6] 또 다른 기사는 런던에 있는 유일한 청소년 젠더 정체성 클리닉인 태비스톡을 찾는 아이와 청년이 늘었다는 사실을 선정적으로 보도했다.

젠더 정체성 클리닉의 신규 신청자가 매주 최대 50명에 달하는 것은 최근 트랜스젠더가 전보다 더 눈에 띄고 SNS의 발달과 분명 관련 있을 것이다. 그렇다고 이것을 일시적 바람이나 유행이라고 치부해서는 안 된다. 어리든 젊든 조언과 도움을 받으려는 사람은 모두 존중받아야 한다.

젠더 정체성 클리닉의 일부 관계자는 최근의 이용자 증가는 그동안 '옷장 안에 숨어 있던 사람들'이 한꺼번에 나왔기 때문인 듯하고 이제는 증가율이 둔화하는 듯 보인다고 말한다. 정확한 것은 시간이 지나야 알 수 있을 것이다.

과거의 비슷한 경험

50년 전인 1967년, 영국의 대다수 지역에서 남성 동성애가 부분적으로 비범죄화되자 반대론자들은 동성애가 소아성애와 관련 있다는 비방을 쏟아냈다. 이런 악의적인 비방은 약 20년 전 동성애자 입양을 둘러싼 논쟁에서 또다시 고개를 들기도 했다.

동성애가 비범죄화된 지 50년이 지난 오늘날, 트랜스젠더와 트랜스젠더 단체를 비난하는 사람들은 다시금 '아동 학대와 아동 보호'를 들먹인다. 젠더를 탐색하고 있거나 젠더가 유동적인 아동과 청년이 꼬드김에 넘어가 의료적 조처 등 돌이킬 수 없는 선택을 내린다고 주장한다. 이들은 이런 불상사를 뿌리 뽑는 것이 교육과 사회적 돌봄의 핵심 과제라고 떠든다.

그러나 이런 주장은 진실과 거리가 매우 멀다. 어린이나 청소년이 젠더 정체성 클리닉에 신청서를 접수하면(대기 시간이 길어 대체로 매우 오래 기다린다) 사춘기 억제제를 처방받을 텐데, 이 억제제는 그(녀)가 자신의 성별을 확신하고 정서적으로 성숙한 상태에서 미래를 결정할 수 있도록 숨쉴 틈을 주려는 것이다. 이것은 계급적 쟁점이다. 노동계급 트랜스젠더는 [값비싼] 민간 기관을 이용할 수 없으므로 긴긴 시간을 기다려야 하고 도움을 구할 제도적 수단에 접근하기도 매우 어렵다.

트랜스젠더 아동에 대한 지원을 반대하는 자들은 위선적이게도 간성 영아나 아동에게 버젓이 행해지는 [돌이킬 수 없는] 의료적 조처는 사실상 반대하지 않는다. 당사자의 어떤 동의도 구하지 않은 채 이뤄지는데도 말이다.

트랜스젠더 비판론자들은 트랜스젠더 아동이 겪는 스트레스나 고통, 그들이 장차 부딪힐 트랜스젠더 혐오나 괴롭힘에는 전혀 관심이 없다. '변덕'이나 '유행'에 빠진 자녀를 말리지 않는 부모를 비난하는 데만 열을 올릴 뿐이다.

여성 전용 공간을 '위협'한다?

혐오를 퍼뜨리는 또 다른 주장은 트랜스젠더 때문에 화장실 등 여성 전용 공간이 더 위험해진다는 것이다. 이런 주장은 트랜스 여성은 태생적 여성을 공격하거나 괴롭히려는 본성이 있다고 전제한다.

이 문제는 앞의 글에서* 다룬 만큼 되풀이하지 않고 짧게 덧붙이겠다. 나는 트랜스젠더를 자처하는 누군가가 여성 전용 공간에서 여성을 공격하거나 괴롭힌 적이 전혀 없다고 주장하려는 게 아니다(트랜스 여성이 화장실에서 시스젠더 여성을 공격했다고 보고된 바는 거의 없고 심지어 아예 없을 가능성도 높다). 트랜스젠더가 화장실이 아닌 다른 장소에서 타인을 괴롭히거나 공격한 사례는 드물지만 분명 있는데, 대개 심각한 정신질환을 앓고 있는 경우였다.

트랜스젠더가 시스젠더보다 여성을 공격하는 성향이 크다고 볼 근거는 아무것도 없다. 트랜스 여성은 여성이고, 시스젠더 여성이 모두 똑같지 않은 것처럼 트랜스 여성도 다양하다. 그리고 시스젠더 여성과 마찬가지로 공격의 대상이 될 수 있다. 게다가 트랜스젠더임이 알려지면 공격에 노출될 가능성이 더 높아진다.

여성도 폭력적일 수 있지만 여성에게 폭력을 저지르는 사람은 대부분 남성이다. 최근의 #미투 캠페인은 여성이 직장, 공공장소, 각종 기관에서 겪는 수치심과 괴롭힘이 얼마나 큰지를 잘 보여 준다. 특히 국회의원들의 성차별적 행태는 눈 뜨고 봐 주기 어려울 정도다.

---

* "트랜스젠더 권리를 지지해야 하는 이유", 이 책의 107쪽에 실려 있다.

트랜스젠더 혐오자들은 (가정에서든 공공장소에서든) 여성을 괴롭히고 모욕하고 성폭행하고 심지어 살해하는 사람 가운데 남성 정체성의 남성이 훨씬 많다는 것을 무시한 채, 트랜스여성이 다른 여성을 공격한 극히 일부의 사례(거의 존재하지도 않는다)를 들어 트랜스젠더를 여성 전용 공간(화장실, 쉼터 등)에서 배제하자고 주장한다. 이것은 대안이기는커녕 트랜스젠더를 위험한 지경으로 내모는 것이다.

영국에서 지난 8~9년 동안 계속된 긴축정책은 확실히 여성에게 더 큰 고통을 안겼다. 지금도 매주 평균 두 명의 여성이 현 파트너나 옛 파트너에게 살해당한다. 실태가 이런데도 정부는 지난 7년 동안 여성 쉼터와 돌봄 노동자 예산을 25퍼센트가량 삭감했다.

가정 폭력에 관한 여성의 현실은 수십 년 전으로 되돌아가는 듯하고 특히 노동계급 여성은 도움을 구할 곳이 마땅치 않다. 이런 상황일수록 여성 단체와 노동조합운동은 구체적 요구를 중심으로 단결해서 대응에 나서야 한다. 분명 지금은 단결해서 저항할 때지 트랜스젠더와 시스젠더가 서로 분열할 때가 아니다. 둘 다 똑같은 긴축에 시달리고 있고 보수당이라는 같은 적을 마주하고 있다.

이런 상황에서 트랜스젠더의 권리 신장 요구를 '문제'라고 여기는 일부 페미니스트와 좌파의 태도는 잘못된 것이고 전진하는 데 조금도 도움이 되지 못한다.

트랜스 여성을 '여성 전용 공간'에서 배제해야 한다고 주장하는 사람은 그것의 현실적 결과가 무엇인지 생각하지 않는다. 그동안 아무 문제없이 당연하게 여자 화장실을 사용하던 사람에게 출생 성에 따라 남자 화장실을 이용하라는 것이다.

나는 그동안 여자 화장실을 쓰면서 한 번도 의심받거나 제지당한 적이 없다. 그러나 내가 남자 화장실에 들어가려 하면 곤란한 상황이 연출되면서 번번이 제지당할 것이다. 나는 트랜스젠더가 장애인 화장실을 써야 한다고 생각하지 않는다. 성중립 화장실이 없는데도 우리를 여성 전용 공간에서 배제하려는 사람들은 우리의 처지를 신경 쓰지 않고 조금도 고려하지 않는다. 게다가 트랜스젠더의 출입을 실제로 어떻게 막을지도 문제다.

영국의 트랜스젠더는 얼마나 안전한가?

영국의 많은 트랜스젠더의 삶은 결코 만만치 않은데, 최근 젠더 자기 결정권과 여성 전용 공간 사용 논쟁으로 혐오가 부쩍 늘면서 트랜스젠더는 더 큰 어려움을 겪고 있다. 〈가디언〉의 10월 12일 자 기사는 이 점을 보여 준다.[7] 이 기사는 최근 뉴질랜드 영주권을 획득한 영국인 트랜스 여성을 다뤘는데, 그녀는 영국에서와 달리 뉴질랜드에서는 지난 7년 동안 한 번도 괴롭힘과 차별을 당하지 않아 뉴질랜드 영주권을 신청했다고 말했다.

이것 말고도 영국이 트랜스젠더에게 안전하지 않다는 사실을 보여 주는 증거는 많다. [성소수자 단체] 스톤월이 최근 진행한 조사는 지난 4년간 영국에서 성소수자에 대한 공격이 80퍼센트나 늘었음을 보여 준다. 응답자의 20퍼센트는 지난 1년 사이에 증오 범죄 등 불쾌한 경험을 했다고 보고했는데, 2013년에는 그 비율이 16퍼센트였다. 트랜스젠더 아동의 절반 정도는 자살을 시도했고 80퍼센트는 자해를 한 적이 있었다.[8]

좌파 내 트랜스젠더 혐오

수년 동안 트랜스젠더에 비판적인 페미니스트의 글을 무비판적으로 실은 좌파 신문 〈모닝 스타〉는 10월 7일, 트랜스젠더의 성별 자기 결정권에 대한 찬반양론을 각각 2개씩 실었다.[9]

자기 결정권을 지지하는 글과 달리 반대론자의 글은 성별 인증서 발급을 어떻게 간소화할 것인지 대안을 제시하지 못하고 얼버무렸다.

반대론자 한 명은 트랜스젠더의 적은 바로 그 자신(!)이므로 자기 결정권을 인정하면 안 되고 타인의 진단이 필요하다고 썼다. 둘 다 성별인정법 개정(구체적 내용은 언급하지 않는다)이 필요하지만 자기 결정권을 인정하는 개정은 안 된다고 주장했다.

안타깝게도 이 둘은 모호하고 추상적인 제안만 내놨을 뿐("사람들을 애초에 성별로 구분하는 게 문제다", "서류 작성 이상의 무언가가 필요하다") 구체적 대안을 제시하지 못했다.

그중 한 명이자 트랜스 여성인 크리스티나 해리슨은 《소셜리스트 리뷰》 10월 호에도 〈모닝 스타〉에 실린 것과 비슷한 주장을 기고했다.[10]

그 글에서 해리슨은 '여성'(여성 누구를 말하는 것일까?)이 트랜스젠더의 권리 요구를 거부할 수 있어야 한다고 사실상 주장했다. 그러나 사회주의자와 진보적 변화를 바라는 사람들은 [누군가에게] 차별받는 집단의 권리와 요구를 거부할 권한이 있다고 생각하지 않는데, 왜 유독 트랜스젠더의 요구에는 거부권을 인정해야 한다는 것일까?

해리슨은 또한 '자기 결정권'이 "보수당의 값싸고 얄팍한 술수"라고도 주장했는데, 이것은 보수당에 일관되게 반대하는 사람은 자기 결정권 도입을 반대해야 한다는 것을 암시했다. 그러나 아일랜드, 몰타, 덴마크, 인도에서는 이미 자기 결정권이 인정되고 있고 이것은 특별한 문제를 낳고 있지 않다. 또한 인도, 파키스탄, 네팔, 뉴질랜드에서는 여권과 공식 문서에 제3의 성을 기재할 수 있다.

해리슨의 주장은 완전히 틀렸다. 개정안에 포함된 자기 결정 권 등은 트랜스젠더가 요구한 것이지 보수당의 요구가 아니다. 동성결혼법은 보수당 정부하에서 초당적 지지를 받으며 통과됐 고 당시 사회주의자와 진보 진영은 보수당과 [보수당 총리] 데이비 드 캐머런이 반긴다는 이유로 이를 반대하지 않았다. 그런데 왜 트랜스젠더 쟁점은 다르게 접근하는가?

교원노조(최근 교육노조로 바뀌었다)와 밀접한 관계를 맺고 있는 일부 사회주의 페미니스트, 특히 부위원장 키리 텅크스와 또 다른 간부 루스 서워트카는 최근 '영국 여성의 지위'라는 단 체를 새로 만들었고, 여성의 권리를 방어하는 단체라고 홍보하 고 있다.

이 단체의 창립 선언문에는 트랜스젠더가 일상적으로 혐오에 시달린다는 내용이 한두 문장 포함돼 있지만(그조차 없으면 아 무도 설득할 수 없을 테니 말이다) 주요 목적은 트랜스젠더 관 련 개정안을 모두 반대하려는 것인 듯하다. 이런 개정안(여성에 게 어떤 해도 끼치지 않는다)이 트랜스젠더의 삶을 더 안전하게 만들고 스트레스를 줄일 수 있는데도 말이다.

이 단체의 최근 걱정거리는 트랜스젠더 코미디언이자 배우인 에디 이자드가 노동당 전국위원회에 출마한다는 것이다. 이들 은 이자드가 진정한 트랜스젠더도 아닌 그냥 사내이고 그가 선 출되면 노동당 지도부에서 '진정한' 여성이 밀려난다고 여기는 듯하다. 다양성을 말하지만 자신들이 설정한 범위 안에서만 다양성을 인정하는 것이다. 에디 이자드의 정치적 견해에 대해서는 일언반구도 없이 그를 반대하는 것은 전형적인 트랜스젠더 혐오다.

인구조사가 어려워진다?

'영국 여성의 지위'가 처음으로 실시한 전국 캠페인의 요구는 인구조사의 응답 항목에 제3의 성을 포함시키지 말라는 것이었다(통계청은 2021년 조사에 제3의 성을 추가할 수 있음을 슬쩍 내비쳤다).

모든 트랜스젠더와 논바이너리가 만족하는 문항을 고안하는 게 물론 쉽지 않겠지만(그렇다고 불가능한 일은 전혀 아니다!) 그 캠페인의 요구는 사실상 인구조사에서 트랜스젠더를 계속 투명인간 취급하라는 것이다.

이런 요구를 하는 사람들은 성별 항목을 추가하면 성별 인구 분포도가 부정확해진다고 주장한다. 답변 항목이 두 개(이것이야말로 현실을 제대로 반영하지 못한다)에서 여러 개로 늘어나는 게 문제라는 것이다.

여성이 보건, 고용, 임금 등에서 겪는 차별을 들춰내려면 통계가 정확해야 한다는 것인데, 나는 앞의 글에서 트랜스젠더 때문에 통계가 부정확해진다는 주장은 과장이라고 반박한 바 있다. 이들은 당연히 인구조사로 트랜스젠더나 논바이너리를 파악했을 때 생길 긍정적 효과는 일절 말하지 않는다.

트랜스젠더에 비판적인 페미니스트는 제3의 성을 인정하면 안 된다고 핏대 세우는 동시에 트랜스 여성을 여성으로, 트랜스 남성을 남성으로 인정하지도 않는다. 그러나 나를 포함해 대다수 트랜스 여성은 인구조사에서 자신의 성별 정체성에 따라, 그리고 공문서에 기재된 대로 '여성'에 체크하고 여성으로 집계될 것이다(선택할 수 있다면 나는 '기타' 또는 '트랜스젠더'에 체크하고 싶다).

이것은 상당한 모순이다. 현행 인구조사에서 자신이 획득한 성별(또는 성별 정체성)로 인정되는 트랜스젠더는 대부분 제3의 선택지가 있기를 바라는 반면, 트랜스젠더 정체성을 인정하지 않고 반대하는 사람들은 트랜스 여성을 여성으로 인정하는 현 방식을 유지하자고 주장한다. 기이할 뿐 아니라 위선적이다.

이런 모순이 생기는 이유는 자유주의 또는 근본적 페미니스트(와 일부 사회주의 페미니스트)가 성과 젠더를 이분법적으로 보는 본질주의 관점을 암묵적으로 받아들이기 때문일 것이다. 그러나 성과 젠더는 (다양성 정도와 방식은 다르지만) 단순히 두 개로 나뉘지 않는다.

트랜스젠더에 비판적인 페미니스트는
소수에 불과하다

다행히 모든 페미니스트가 트랜스젠더를 비판하는 건 아니다. 퀴어 이론의 주요 창시자인 주디스 버틀러는 2014년 트랜스젠더 블로거 크리스턴 윌리엄스와의 인터뷰에서 실라 제프리스, 재니스 레이먼드 등 트랜스젠더에 비판적인 페미니스트를 어떻게 생각하냐는 질문을 받은 후 다음과 같이 답했다.

저는 실라 제프리스나 재니스 레이먼드에 단 한 번도 동의한 적이 없고 수년 동안 여러 페미니즘 논쟁에서 반대편에 서 있었습니다. 이들은 재판관을 자처하고 페미니스트 관점에서 트랜스젠더의 삶과 선택을 규제하려 합니다. 저는 이런 식의 규범주의를 거부합니다. 제가 보기에 이것은 페미니스트 독재자가 되겠다는 것입니다. … [실라 제프리스 식의 — 지은이] 사회적 구성주의의 문제점은 트랜스젠더가 자신의 성별에 대해 갖는 생각 자체를 '사회적 구성물'로 여겨 이를 허상으로 본다는 것입니다. 그래서 페미니스트 경찰관으로 나서어 그 허상을 들춰내고 트랜스젠더의 실제 삶에 이의를 제기합니다. 저는 이런 식의 사회적 구성주의에 결사반대하는데, 이것은 이론을 오용하고 억압적 방식으로 쓰는 것입니다.

최근에 근본적 페미니스트 로리 왓슨(시스젠더 여성이고 여성을 자신의 정체성으로 삼고 있지만 종종 트랜스젠더나 남성으로 오해받는다고 한다)의 글을[11] 읽었는데, 그녀는 트랜스젠더를 지지하고 트랜스 여성을 여성으로 생각하고 트랜스젠더를 배제하는 종류의 페미니즘을 거부한다고 분명하게 밝혔다.

왓슨의 글이 인상적이었던 이유는 화장실 등 여성 전용 공간에서 '남성'으로 오해받아 제지당하는 것이 감정적으로 그리고 실질적으로 어떤 결과를 낳는지 다루기 때문이다. 여성인 자신이 남성으로 인식되는 경험을 하면서 왓슨은 트랜스젠더, 특히 트랜스 여성이 일상적으로 겪는 구체적 현실에 공감하게 됐다. 그녀는 트랜스젠더에 비판적인 페미니스트가 성을 본질주의적 관점으로 바라본다고 비판한다.

이런 본질주의 때문에 일부 페미니스트는 트랜스 여성에게 태어날 때 지정된 성과 젠더에 순응해서 살라고 사실상 '강요'한다. 이들은 트랜스 여성이 여성으로 사는 것이 여성을 '희화화'하고 성별 고정관념을 강화한다고 주장한다. 이런 정치적 도덕주의는 성별 정체성이 무엇인지 이해하지 못하고 심지어는 성별 정체성 자체를 부정하는 데서 비롯한다.

로리 왓슨은 다음과 같이 썼다.

트랜스 여성이 성과 젠더 해방의 이상적 기준을 일관되게 좇지 않는다고 비난받는 것은 자본주의 사회에서 인간답게 살려고 애쓰는 사람과 노후 자금을 위해 주식에 투자하는 사람을 비난하는 것과 같다. 해방의 목표는 자본주의의 사회·정치·경제를 전복하는 것이니 말이다. 그러나 카를 마르크스조차 먹고사는 문제를 고민해야 했다.

여성이란 무엇인가?

사람들이 처음 만나면 어떤 과정을 거치는지 돌아 보자. 우리는 '성별 비교 판별'을 위해 상대방의 일차적·이차적 성적 특징을 검사하지 않는다. 그저 옷, 헤어스타일 등을 보고 상대방의 성별을 판단한다. 그리고 상대방이 과거에도 같은 성별이었을 것이라고 가정하므로 트랜스 여성은 차별받는 '여성'의 일원으로 분류될 것이다. 상대방을 트랜스젠더라고 판단할 수도 있을 텐데, 그 경우 사람들의 반응은 존중, 지지에서 중립적 또는 적대적 태도까지 다양할 것이다.

시몬 드 보부아르는 1949년 기념비적 저작 《제2의 성》에서 "여성은 태어나는 것이 아니라 만들어지는 것"이라고 썼다. 보부아르는 장폴 사르트르 등과 함께 발전시킨 실존주의 철학에 따라 여성(과 여성의 몸)이 대상화되고 스스로 운명을 개척할 주체로 여겨지지 않는 것은 이 사회의 여성 종속과 차별 때문이라고 봤다. '남성', '여성'이라는 개념 자체에 본질적 차이가 들어 있는 게 아니라 남성이 여성을 억압하는 상황 때문에 남성이 '여성'의 의미를 결정한다는 것이다.

내가 아는 한 보부아르는 성별 정체성이나 트랜스젠더 문제를 다루지는 않았지만(당시에는 잘 알려진 쟁점이 아니었고 트랜스섹슈얼이라는 개념조차 생기기 전이었다) 보부아르의 접근법은 트랜스젠더를 존중하고 포용할 여지가 많아 보인다.

보부아르가 생물학적 본질주의를 거부하고 여성 차별이 사회적으로 구성된다는 점을 밝힌 것은 반가운 일이다. 그러나 그녀는 여성 차별의 원인을 잘못 짚는다. 계급사회의 생산관계와 재생산 방식을 문제 삼는 마르크스주의와 달리 보부아르는 '남성'을 탓한다. 다시 말해, 계급사회나 자본주의 자체, 특히 자본주의 생산과 재생산에서 가족이 하는 구실을 보지 못하고 가부장제를 문제의 원인으로 지목한다.

그렇지만 젠더로서의 '여성'은 (생물학적 '여성'과 달리) 사회적으로 매개되고 구성된 범주라는 보부아르의 주장은 지지할 만하다.

"여성은 만들어지는 것"이라는 말은 분명 진실을 담고 있다. 인간의 태아는 처음에는 (염색체를 제외하고는) 성적으로 분화되지 않는다. 일정한 기간 후에 태어난 아기의 생물학적 남녀 비율은 거의 같고, 간성도 소수 있다(간성 비율은 정확히 알기 어려운데, 스포츠 경기나 임신·출산 문제 등으로 쟁점이 되기 전까지는 보고가 잘 되지 않기 때문이다).

그러나 생물학적 남성과 여성의 성별이 자동적으로 '남성'이나 '여성'이 되는 것은 아니다. 생물학적 성에 따라 '남성적' 또는 '여성적'으로 되는 것은 더더욱 아니다. 성별이 생물학적 성에 따라 결정된다는 본질주의를 받아들이는 사람은 그렇게 여기겠지만 성별과 성의 관계는 단순하지 않다.

트랜스젠더에 비판적인 페미니스트, 특히 근본적 페미니스트와 자유주의 페미니스트 가운데 일부는 성별에 대한 본질주의적 견해를 분명하게 지지하는 반면, 또 다른 일부는 성은 생물학적인 것이고 젠더는 사회적으로 구성된다는 페미니스트(와 사회주의자)의 오랜 구분법에 충실할 뿐이라고 항변한다.

그러나 후자에 속하는 사람들도 트랜스 여성과 트랜스 남성을 여성과 남성으로 인정하지 않는 이유를 설명하는 대목에 이르면 사실상 본질주의로 빠진다. 트랜스 여성은 태생적 여성과 다른 경험을 하며 자랐기 때문에 여성이 아니라는 주장에는 본질주의가 깔려 있다. 그러나 사춘기 이후에 성별을 전환한 트랜스 여성은 남들보다 늦게 여성이 되기 시작했을 뿐이다.

게다가 트랜스젠더 비판론자들에게 더 커다란 혼란을 안겨 줄 젠더퀴어, 젠더플루이드, 논바이너리처럼 '여성/남성' 이분법

자체를 전복하는 정체성도 있다.

시스젠더는 자신의 성별 정체성이 무엇이고, 그것이 어떻게 형성되는지 고민할 필요가 없다. 그들은 생물학적 성과 부여된 성별의 불일치를 느끼지 않고, 그런 불일치가 야기하는 심리적 갈등이나 (커밍아웃하지 않은 경우) 자신의 진짜 모습을 끝없이 숨기고 억누르는 데서 오는 심리적 고통을 겪지 않는다.

노먼 테빗(마거릿 대처 시절의 보수당 정치인으로 끔찍한 동성애·트랜스젠더 혐오론자다)은 대기오염이 트랜스젠더를 '유발'한다고 말한다. 이런 뜬구름 잡는 소리보다 훨씬 설득력 있는 설명은 성별 정체성이 모든 사람의 내면 깊숙이 뿌리내린 자아 인식이고, 이것은 생물학적 성만으로 결정되지도 않고 사회가 기대하는 성별 규범을 단순히 수용한 것도 아니라는 것이다.

이런 설명 외에는 트랜스젠더나 논바이너리의 존재를 논리적으로 설명할 수 없다. 성별 정체성이 염색체나 자본주의 사회의 강력한 성별 이분법에 따라 결정된다면 트랜스젠더나 논바이너리는 애초에 존재하지 않았을 것이다. 그러나 거듭 말하지만 트랜스젠더는 분명히 존재하고 갈수록 눈에 띈다. 트랜스젠더의 존재는 계급사회의 단순한 [성별] 이분법이 진실이 아님을 드러낸다.

수많은 증거는 모든 사회에 트랜스젠더와 논바이너리 성별 정체성이 분명하게 존재했고 나아가 인류 역사의 거의 내내 '정상적인' 섹슈얼리티와 젠더 표현으로 인정받았음을 분명하게 시사한다.

성별 정체성은 선택의 문제인가?

일부 자칭 사회주의자는 트랜스젠더를 비판하며 성별 정체성이 일종의 허위의식이라고 말한다. 많은사람이 자신의 물질적 조건에 따른 계급을 자각하지 못하는 것과 비슷하다는 것이다. 예컨대, 계급 구분에서 가장 중요한 것은 생산관계에서 차지하는 지위인데도 어떤 사람은 집과 차를 소유하고 사무직에서 종사하는 것을 이유로 자신을 중간계급이라고 [잘못] 생각한다는 것이다.

이런 비유는 누군가 자신의 성별이 생물학적 성(물질적 현실)과 불일치한다고 믿더라도 그것은 단지 허위의식이라는 것이다. 다시 말해, 성별 정체성은 실체가 없다는 주장이다.

이들의 주장을 정리하면 다음과 같다. 인간의 생물학적 성은 물질적 현실이지만 트랜스젠더가 성별을 바꾸는 것은 **선택**이다. 그리고 엄밀히 말해 이런 선택은 물질적 현실이 아니다.

이런 주장은 성별 정체성이 무엇이고, 물질적 현실의 구성 요소가 무엇인지를 완전히 잘못 이해하는 것이고 그래서 잘못된 비유를 하는 것이다. 핵심 오류는 성별 정체성을 '선택'으로 본다는 것이다.

트랜스젠더에게 성별 전환은 자신의 몸과 젠더 표현을 성별 정체성에 일치시키는 일이다. 의료적 수술을 동원하면 '성별 확정'을 한 것이다. 이것은 라이프스타일을 선택하는 문제가 아니다. 트랜스젠더를 단지 선택이라 여기는 것은 트랜스젠더 혐오를 무시하고 실재하는 성별 정체성을 부정하는 것이다. 이런 주장을 하는 사람들이 성적 지향에 대해서도 감히 같은 주장을 할 수 있을까? 동성애자나 양성애자가 되는 것은 선택이라고 말할 수 있을까? 성적 지향은 선택이라고 말하지 않으면서 성별 정체성은 왜 완전히 다르게 보는 것일까?

최악의 동성애 혐오론자들, 동성애를 치유할 수 있다고 떠드는 자들만이 오늘날 동성애를 선택이라고 본다.

사회에 맞추지 말고 사회를 바꿔라?

트랜스젠더에 비판적인 일부 페미니스트는 트랜스젠더가 사회적 기준에 부합하려고 자신과 몸을 바꾸는 것은 비겁한 일이라고 비난한다. 자신의 성별 정체성과 사회가 요구하는 성별 역할이 불일치하면 자신을 있는 그대로 받아들이도록 사회를 바꿔야지 타협하면 안 된다는 것이다.

이런 주장은 사실상 자본주의가 트랜스젠더를 포용하도록 이데올로기적·정치적으로 진보하거나 도전받기 전까지 트랜스젠더는 자기 몸과 삶의 주인이 되기를 포기하라는 것이다.

현실을 조금도 이해하지 못하는 관념적 주장이다. 일부 트랜스젠더는 성별 전환 이후 획득한 성별에 충실하며 사회에 자연스럽게 녹아들기만을 바라지만 다른 트랜스젠더는 자신과 자신을 억압하는 사회를 모두 바꾸려 한다. 어느 경우든 그 자체로 지지받아 마땅하고 사회주의자가 양쪽을 모두 지지하는 것은 전혀 모순되지 않는다.

절대적 필연은 아니지만, 트랜스젠더 혐오와 성별 이분법이 제도화한 사회에서 트랜스젠더로 살아가는 경험은 자본주의 계급 관계의 고유한 약점을 깨닫고 차별 자체를 철폐하려면 착취와 계급에 기반한 사회를 끝장내야 함을 이해하도록 만든다.

토니 클리프가 1978년에 쓴 글에서 "흑인 여성 동성애자"를 "흑인 트랜스 여성"으로 살짝 바꾸면 그가 전하려던 메시지, 즉 차별받는 모든 부문이 노동계급 운동 안에서 단결할 때 혁명적 잠재력이 커진다는 메시지는 그때나 지금이나 여전히 유효하다. 마찬가지로 1917년에 볼셰비키가 "차별받는 사람들의 축제"를 역사상 가장 위대하게 이끈 10월 혁명에서도 그런 잠재력을 볼 수 있는데 동성애, 낙태는 즉각 비범죄화됐고 그 밖에도 많은 진보적 조처가 혁명 직후 도입됐다.

성별 자기 결정에 대해 마지막으로 하나만 덧붙이겠다. 혐오론자, 편견 꼴통, 트랜스젠더에 비판적인 페미니스트는 트랜스젠더의 자기 결정권을 부정하는데, 오늘날 어떤 차별받는 집단도 자기 결정권을 부정당하지 않는다. 소수 인종이나 민족, 장애인, 종교 집단, 동성애자, 양성애자는 자신이 누구인지에 대해 타인의 검증을 거치지 않는다(장애인의 복지비 지급 대상 검증 평가는 그런 점에서 비슷하기도 하다). 트랜스젠더도 자신이 누구인지 스스로 결정할 수 있어야 한다.

후주

트랜스젠더 차별과 저항

1   이 글의 초고를 읽고 격려와 유용한 지적과 조언을 해 준 알렉스 캘리니코스, 콜린 윌슨, 딘 해리스, 해나 디, 실라 맥그리거에게 감사하다. 또한 내가 맑시즘 워크숍과 지회 모임에서 트랜스젠더, 성소수자, 여성 차별을 주제로 발표했을 때, 사려깊고 감동과 영감을 주는 주장을 해 준 동지들도 고맙다. 영국 사회주의노동자당과 내가 속한 대학노조의 동료들과 나의 가족, 특히 내 파트너 실라 헤밍웨이에게 고맙다고 말하고 싶다. 이들은 내가 성별 전환을 거치는 최근 수년 동안 격려와 지원을 아끼지 않았다.

2   성별 전환은 트랜스젠더가 한 성별로 살다가 다른 성별로 넘어가는 과정을 말한다.

3   Allison and Pidd, 2013.

4   Littlejohn, 2012.

5   Todman, 2013.

6   Suicide Prevention Australia, 2009.

7   National Gay and Lesbian Taskforce, 2011; www.thetaskforce.org/reports_and_research/ntds

8   Whittle and others, 2007.

9   McNeil and others, 2012.

10   http://gendertrust.org.uk/

11 '변화를 위한 압력'은 영향력 있는 트랜스젠더 지원 단체이고 2004년 성별인정법 제정 전에 정부에 트랜스젠더 권리 보장에 관한 여러 의견을 개진했다. www.pfc.org.uk

12 American Psychiatric Association, 2013. 트랜스젠더를 정신 질환의 한 형태로 보는 것에서 성별 불일치로 인한 스트레스를 강조하는 방향으로 바뀐 것을 환영하는 트랜스젠더가 있지만 이 역시 자신을 모종의 정신 질환이나 정신적 고통과 관련짓는다고 여겨 불편해 하는 트랜스젠더도 있다.

13 Nestle, Howell and Wilchins, 2002.

14 Reed and others, 2009. '젠더 정체성 연구와 교육 협회'는 트랜스젠더 쟁점에 대한 자료를 제공하는 영국의 연구 기관이다. www.gires.org.uk

15 Roughgarden, 2004. 러프가든의 책 《진화의 무지개》는 자연계의 젠더 다양성에 대해 유용한 정보를 아주 많이 제공하고 있으므로 진지하게 읽을 만한 가치가 있다. 그러나 그 책에는 이 저널[인터내셔널 소셜리즘]의 독자들이 수긍하기 힘든 다원주의에 대한 비판도 일부 있다.

16 '영국 간성 협회'의 웹사이트(www.ukia.co.uk)는 간성 특징을 가진 신생아를 대할 때 의료 종사자와 가족이 신생아의 장기적 이익을 신중하게 고려해야 한다고 강조한다. 대다수 간성 특징은 긴급한 의료적 조처를 하지 않아도 된다.

17 예컨대, Luders and others, 2009. 또한 Fine, 2011과 *Delusion of Gender*도 보시오. 이 책에서 파인은 자신이 '신경학-성차별주의'라고 부르는 것을 아주 재치있고 재밌게 논박한다. 이 밖에도 Burke, 1996; Cameron, 2008; Fausto-Sterling, 1992; Jordan-Young, 2011.

18 이에 관한 훌륭한 논의는 Satel and Lilienfeld, 2013을 보시오.

19 범성애는 상대방의 성별 정체성과 상관 없이 상대에게 정서적·성적으로 끌리는 것을 말한다.

20 일부 사람들은 성소수자의 머리글자가 LGBTQI(Q는 퀴어 또는 의문을 나타내는questioning, I는 간성)가 돼야 한다고 주장한다. 그러나 LGBT라는 표현이 1990년대 이래로 가장 널리 알려졌고, 노동운동 안에서 가장 흔하게 쓰이고, 내 생각에는 분리주의 정치나 정체성 정치에 가장 적게

타협한다는 점에서 이 논문은 LGBT를 사용한다.

21 Stryker, 2008. 이 책은 150년간의 트랜스젠더 역사를 아주 환상적으로 검토한다. 영국 독자에게 아쉬운 점이라면 대부분 미국의 관점에서 쓰였다는 것이다. 또한 이 책은 마르크스주의의 유물론적 관점보다는 큰 틀에서 봤을 때 페미니즘의 전제를 바탕으로 하고 있다. Meyerowitz, 2004도 보시오.

22 Stryker, 2008, 2장.

23 Stryker, 2008, 4장.

24 예컨대, 크리스틴 조겐슨의 자서전 Jorgensen, 1967을 보시오.

25 소외 개념에 대한 친절한 입문서는 Swain, 2012이 있다.

26 레슬리 파인버그는 이에 관한 역사적, 인류학적 정보를 검토해서 매우 고무적인 책을 썼다. Feinberg, 1996.

27 Feinberg, 1996. 역사적으로 많은 사회에서 존재한 젠더 다양성을 기록하고 있다. 선사시대의 많은 사회에서 젠더 다양성을 표현하는 사람들은 존중받는 지위에 있었고 매우 널리 인정받았다는 강한 증거가 있다.

28 Whittle and others, 2007.

29 Sydney Morning Herald, 2011.

30 살해된 트랜스젠더는 '우리의 죽은 이들을 기억한다' 웹사이트(www.gender.org/remember/#)에 기록돼 있다. 11월 20일은 이들을 기리는 국제 추모일이고, 1998년 11월 미국의 트랜스젠더 리타 헤스터가 잔인하게 살해당한 것에서 촉발됐다. [한국에서도 매년 추모 행사가 열린다.] 트랜스젠더 차별과 그에 맞선 저항에 관한 기록을 많이 담고 있는 웹사이트 TransOralHistory.com은 방문할 가치가 있다.

31 예컨대 Norton and Herek, 2012. 또한 Scottish Social Attitudes Survey, 2010을 보시오.

32 Burchill, 2013.

33 예컨대, 항의 시위와 행동을 조직한 페이스북 그룹 Protest Transphobia.

34 이를 다룬 영화 〈소년은 울지 않는다〉(힐러리 앤 스웽크 주연)는 정말 비통한 내용이다.

35 Kimmel, 2011. Kimmel, 2009도 보시오.

36 www.schools-out.org.uk. 아주 훌륭한 조언과 자료를 볼 수 있다.

37 Equality Challenge Unit, 2008.

38 조겐슨의 자서전. 또한 그녀의 일생과 의학적, 사회적 맥락을 살피는 Meyerowitz, 2004도 보시오.

39 Stryker, 2008.

40 Benjamin, 1966.

41 Orr, 2007.

42 McGregor, 2011; McGregor, 2013; Cliff, 1984.

43 Lenin, 1990.

44 Harman, 1998.

45 Marx, 1871.

46 러시아 혁명과 LGBT 권리에 대해서는 Wolf, 2009와 Dee, 2010을 보시오.

47 예컨대 '긴축에 반대하는 퀴어들' 같은 각종 긴축 반대 단체들과 함께하는 활동이 있다.

48 Feinberg, 1996; Feinberg, 1998.

49 Feinberg, 1996, chapter 10.

50 Engels, 1884.

51 Lindisfarne and Neale, 2013 등 여성 차별을 다루는 많은 필자는 엥겔스가 가족의 기원을 설명한 것을 기각하거나 혹독하게 비판한다. Brown, 2013 등 마르크스주의 페미니스트와 사회주의 페미니스트는 엥겔스와 마르크스를 떼어내려 한다. 엥겔스는 경제결정론에 빠진 반면 마르크스는 생산과 재생산 문제에서 인류와 자연의 관계를 변증법적으로 이해했다는 것이다. [그러나] 엥겔스가 1884년에 분석을 발전시키며 사용한 인류학 자료에 약점이 있지만 엥겔스의 방법과 결론은 후대의 증거와 분석에 의해 입증됐다. 핵심적 저작으로는 Leacock, 1981을 보시오. Campbell, 2013; Harman, 1995, Smith, 2013도 보시오.

52 Feinberg, 1996, 5~6장. Harman, 1999, 특히 2~4장.

53 German, 1998, Dee, 2010; Wolf, 2009.

54 Feinberg, 1996, 9~11장; Harman, 1999, 3~4장.

55 Feinberg, 1996, p 25.

56 Feinberg, 1996, p 29.

57 Feinberg, 1996, p 23.

58 Califia, 1997, 4장.

59 gayhistoryproject.epgn.com/

60 Katz, 1976.

61 Stryker, 2008.

62 Keshema, 2010; Jacobs, Thomas, and Lang, 1997.

63 Feinberg, 1996, 9장.

64 Engels, 2009.

65 Weeks, 2009.

66 D'Emilio, 1993.

67 Weeks, 2009; Weeks, 2007; Dee, 2010; Stryker, 2008.

68 Benjamin, 1966.

69 Kinsey and others, 1948. 킨제이 보고서가 발표된 뒤에도 많은 의료인
은 '진정한' 트랜스섹슈얼과 '가짜' 트랜스섹슈얼을 구별해야 한다고 우려
하며, 전자는 의학적 도움을 받을 자격이 있지만 후자는 "착각에 빠졌다"
고 봤다. 또한 많은 정신분석학 종사자는 트랜스젠더를 모두 자기 자신을
부정하는 동성애자로 여겼다.

70 Feinberg, 1996, pp 87, 88.

71 Dee, 2010; Wilson, 2011. 또한 에드워드 카펜터의 일생은 Rowbotham,
2009를 보시오.

72 리베라는 푸에르토리코인으로 이뤄진 [극좌파 정치 단체] '젊은 군주들'
의 일원이었고 또한 마샤 P 헌트와 함께 '거리의 이성복장착용자이자 행
동하는 혁명가들STAR'을 결성했다.

73 Feinberg, 1998, p 107.

74 그런 점에서 영국 단체 '스톤월'이 트랜스젠더의 권리를 옹호하기를 한사코 거부하고 LGB 단체로 남아 있는 것은 아이러니라 할 수 있다.

75 Duberman, 1993.

76 Stryker, 2008, 3장.

77 Stryker and Silverman, 2005.

78 Stryker, 2008, p 65.

79 Harman, 1988, 특히 4장과 5장.

80 베스 엘리엇이 배척당한 것은 이런 초기 사례에 속한다. 그녀는 트랜스섹슈얼 레즈비언 가수이자 경험 많은 활동가였다. 1973년 분리주의 레즈비언은 엘리엇이 트랜스섹슈얼이라는 점을 들어 그녀가 '여성의 공간에 침범'했다고 주장하며 엘리엇을 비난하고 욕했다. 1977년에는 음악 엔지니어였던 베스 스톤이 비슷한 수모를 당했다. 당시 미국의 우파는 동성애 반대 캠페인에 열을 올렸는데 일부 근본적 페미니스트는 [그에 맞서기보다] 불행히도 자신보다 주변화된 집단을 괴롭히는 데 나섰다.

81 Meyerowitz and Rosario, 2004, pp 479~480.

82 Raymond, 1979. 그녀는 트랜스 여성을 여성으로 볼 수 없다고 문제 삼으며 트랜스 여성은 여성운동에 동참할 권리가 없다고 주장한다. 이에 대한 반박은 Stone, 1992를 보시오. 일부 근본적 페미니스트는 이런 트랜스젠더 혐오를 여전히 갖고 있다. 2012년 런던에서 열린 레드펨RedFem 대회는 '여성으로 태어난 여성'이 아닌 여성의 참가를 막았다. 이 때문에 트랜스젠더 단체와 이들에 연대하는 페미니스트가 항의에 나섰고 장소 대관이 취소됐다.

83 Foucault, 1981; Wilson, 2008.

84 Butler, 1990; Butler, 2004.

85 Halifax, 2011.

86 Wilson, 2011.

87 Crenshaw, 1989.

88 Meyerowitz, 2004.

89 Gill, 2006.

90 Feinberg, 1996, p 128.

트랜스젠더 권리를 지지해야 하는 이유

1 Pat Clinton, "Harsh realities of trans health", *Socialist Review* 421(Feb, 2017).

2 Laura Miles, "Transgender oppression and resistance", *International Socialism* 141(Winter, 2014).

트랜스젠더 혐오를 없는 셈 치는 주장에 대한 반론

1 http://www.dailymail.co.uk/news/article-4891484/Fists-fly-politically-correct-rally.html

2 https://www.theguardian.com/world/2017/sep/24/violence-against-women-transgender-debate

3 https://www.theguardian.com/commentisfree/2017/oct/06/feminist-linda-bellos-women-trans-male-violence

4 http://www.pinknews.co.uk/2017/10/05/germaine-greer-women-only-cambridge-university-college-makes-historic-change-transgender-students/

5 http://www.telegraph.co.uk/education/2017/10/03/women-only-cambridge-college-allow-students-simply-identify/

6 https://www.facebook.com/MermaidsGender/

7 https://www.theguardian.com/world/2017/oct/12/british-transgender-woman-given-residency-in-safer-new-zealand

8 https://www.theguardian.com/education/2017/jun/27/half-of-trans-pupils-in-the-uk-tried-to-take-their-own-lives-survey-finds

9 http://www.morningstaronline.co.uk/a-27f4-The-gender-identity-debate-explored#WdonVFtSzIU

10 http://socialistreview.org.uk/428/gender-we-need-more-self-identification

11 Lori Watson, 2016, The Woman Question, Transgender Studies Quarterly, Vol 3, Numbers 1-2, May 2016.

참고 문헌

트랜스젠더 차별과 저항

Allison, Eric, and Helen Pidd, 2013, "Chelsea Manning: What kind of treatment can she expect in jail?", *Guardian* (23 August), www.theguardian.com/world/2013/22/aug/Chelsea-Manning-treatment-expect-jail/

American Psychiatric Association, 2013, *Diagnostic and Statistical Manual of Mental Disorders* (Fifth Ed), (American Psychiatric Publishing) [국역:《정신장애의 진단 및 통계 편람》, 하나의학사, 1995].

Benjamin, Harry, 1966, *The Transsexual Phenomenon* (The Julian Press), http://www.mut23.de/texte/Harry%20Benjamin%20-%20The%20Transsexual%20Phenomenon.pdf

Brown, Heather, 2013, *Marx on Gender and the Family; A Critical Study* (Haymarket).

Burchill, Julie, 2013, "Transsexuals Should Cut it Out", *Observer* (23 January).

Burke, Phyllis, 1996, *Gender Shock: Exploding the Myths of Male and Female* (Anchor Books).

Butler, Judith, 1990, *Gender Trouble: Feminism and the Subversion of Identity* (Routledge)[국역:《젠더 트러블: 페미니즘과 정체성의 전복》, 문학동네, 2008].

Butler, Judith, 2004, *Undoing Gender* (Routledge)[국역:《젠더 허물기》, 문학과지성사, 2015].

Califia, Pat, 1997, *Sex Changes: The Politics of Transgenderism* (Cleis Press).

Cameron, Deborah, 2008, *The Myths of Mars and Venus: Do Men and Women Really Speak Different Languages?* (Oxford University Press).

Campbell, Sally, 2013, "Engels Revisited", *Socialist Review* (March), www. socialistreview.org.uk/article.php?articlenumber=12244

Cliff, Tony, 1984, *Class Struggle and Women's Liberation: 1640 to the Present Day* (Bookmarks)[국역: 《여성해방과 혁명: 영국 혁명부터 현대까지》, 책갈피, 2008].

Crenshaw, Kimberlé Williams, 1989, *Demarginalising the Intersection of Race and Sex: a Black Feminist Critique of Antidiscrimination Doctrine, Feminist Theory, and Antiracist Politics* (University of Chicago Legal Forum).

Dee, Hannah, 2010, *The Red in the Rainbow: Sexuality, Socialism and LGBT Liberation* (Bookmarks)[국역: 《무지개 속 적색: 성소수자 해방과 사회 변혁》, 책갈피, 2014].

D'Emilio, John, 1993, "Capitalism and Gay Identity", in *Making Trouble: Essays on Gay History, Politics and the University* (Routledge).

Duberman, Martin, 1993, *Stonewall* (Plume).

Engels, Frederick, 2009 [1845], *The Condition of the Working Class in England* (Oxford University Press)[국역: 《영국 노동계급의 상황》, 라티오, 2014].

Engels, Frederick, 2010 [1884], *The Origin of the Family, Private Property and the State* (Penguin)[국역: 《가족, 사유재산, 국가의 기원》, 두레, 2012].

Equality Challenge Unit, 2008, "LGBT Staff and Students in HE", www. ecu.ac.uk/publications/files/lgbt-staff-and-students-in-he.pdf

Fausto-Sterling, Anne, 1992, *Myths of Gender: Biological Theories About Women and Men* (2nd edition), (Basic Books).

Feinberg, Leslie, 1996, *Transgender Warriors: Making History from Joan of Arc to Dennis Rodham* (Beacon Press).

Feinberg, Leslie, 1998, *Trans Liberation: Beyond Pink or Blue* (Beacon Press).

Fine, Cordelia, 2011, *Delusions of Gender: The Real Science Behind Sex Differences* (Icon Books)[국역: 《젠더, 만들어진 성: 뇌과학이 만든 섹시즘에 관한 환상과 거짓말》, 휴먼사이언스, 2014].

Foucault, Michel, 1981, *The Will to Knowledge: The History of Sexuality*, Volume 1 (Penguin).

German, Lindsay, 1998, *Sex, Class and Socialism* (Bookmarks)[국역: 《여성과 마르크스주의》, 책갈피, 2007].

Gill, Peter, 2006, *Body Count: How they Turned Aids into a Catastrophe* (Profile).

Halifax, Noel, 2011, "Is Queer Politics Radical?" A talk at Marxism 2008.

Harman, Chris, 1988, *The Fire Last Time: 1968 and After* (Bookmarks Publications)[국역: 《세계를 뒤흔든 1968》, 책갈피, 2004].

Harman, Chris, 1995, "Engels and the Origins of Human Society", *International Socialism* 65 (winter), http://pubs.socialistreviewindex.org.uk/isj65/harman.htm

Harman, Chris, 1998, "History, Myth and Marxism", in John Rees (ed), *Essays on Historical Materialism* (Bookmarks).

Harman, Chris, 1999, *A People's History of the World* (Bookmarks)[국역: 《민중의 세계사》, 책갈피, 2004년)].

Jacobs, Sue-Ellen, Wesley Thomas and Sabine Lang, 1997, *Two-Spirit People: Native American Gender Identity, Sexuality, and Spirituality* (University of Illinois Press).

Jordan-Young, Rebecca, 2011, *Brain Storm: The Flaws in the Science of Sex Differences* (Harvard University Press).

Jorgensen, Christine, 1967, *Christine Jorgensen: A Personal Biography*

(Bantam Books).

Katz, Jonathan, 1976, *Gay American History: Lesbians and Gay Men in the USA* (TY Crowell).

Keshema, Enaemaehkiw Túpac, 2010, "Two Spirit People: Gender and Sexual Variability in Native North America", http://bermudaradical. wordpress.com/2010/03/23/two-spirit-people-gender-and-sexual-variability-in-native-north-america/

Kimmel, Michael, 2009, *Guyland: The Perilous World Where Boys Become Men* (Harper Collins).

Kimmel, Michael, 2011, "Gay Bashing is About Masculinity", *Voice Male* (Winter), www.nomas.org/node/261

Kinsey, Alfred, Wardell B Pomeroy and Clyde E Martin, 1948, *Sexual Behaviour in the Human Male* (Saunders).

Leacock, Eleanor Burke, 1981, *Myths of Male Dominance: Collected Articles on Women Cross-Culturally* (Monthly Review Press).

Lenin, Vladimir, 1990 [1905], *Two Tactics of Social-Democracy in the Democratic Revolution* (Penguin), www.marxists.org/archive/lenin/works/1905/tactics/ [국역: 《민주주의혁명에서의 사회민주주의의 두 가지 전술》, 돌베개, 1992]

Lindisfarne, Nancy, and Jonathan Neale, 2013, "What Gender Does", *International Socialism* 139 (summer), www.isj.org.uk/?id=900

Littlejohn, Richard, 2012, "He's not only in the wrong body…he's in the wrong job", *Daily Mail* (21 December), http://web.archive.org/web/20121221195332/http://dailymail.co.uk/debate/article-2251347/Nathan-Uptons-wrong-body—hes-wrong-job.html

Luders, Eileen, and others, 2009, "Regional Gray Matter Variation in Male-to-Female Transsexualism", *Neuroimage*, volume 46, number 4 (15 July).

Marx, Karl, 1871, *General Rules of the International Workingmen's Association 1864*, www.marxists.org/archive/marx/works/1864/10/27b.

htm

Marx, Karl and Engels, Friedrich, 1971, *Historical Materialism*, (Pluto Press).

Meyerowitz, Joanne, 2004, *How Sex Changed: A History of Transsexuality in the United States* (Harvard University Press)

Meyerowitz, Joanne, and Vernon A Rosario, 2004, "Transforming Sex: An Interview with Joanne Meyerowitz, PhD Author of How Sex Changed: A History of Transsexuality in the United States", *Studies in Gender and Sexuality*, volume 5, number 4.

McGregor, Sheila, 2011, "Sexuality, Alienation and Capitalism", *International Socialism* 130 (spring) www.isj.org.uk/?id=728[국역: "성매매 논쟁: 성, 소외, 자본주의",《마르크스의 자본주의 분석과 성차별, 성폭력》, 책갈피, 2017].

McGregor, Sheila, 2013, "Marxism and Women's Oppression Today", *International Socialism* 138 (spring), www.isj.org.uk/?id=885[국역: "여성 차별",《계급, 소외, 차별》, 책갈피, 2017].

McNeil, Jay and others, 2012, "Trans Mental Health and Emotional Wellbeing Study 2012", Scottish Transgender Alliance and Bath University, www.bath.ac.uk/equalities/news/pdf/transmhstudyNov2012.pdf

National Gay and Lesbian Taskforce, 2011, "Injustice at Every Turn", www.thetaskforce.org/reports_and_research/ntds

Nestle, Joan, Clare Howell and Riki Wilchins, 2002 *Genderqueer: Voices from Beyond the Sexual Binary* (2nd edition), (Alyson Books).

Norton, Aaron T, and Gregory M Herek, 2012, "Heterosexuals' Attitudes Toward Transgender People: Findings from a National Probability Sample of US Adults", *Sex Roles*, volume 68, issue 11-12, www.academia.edu/1220851/Heterosexuals_attitudes_Toward_Transgender_People_Findings_from_a_National_Probability_Sample_Of_US_Adults

Orr, Judith, 2007, *Sexism and the System: A Rebel's Guide to Women's*

Liberation (Bookmarks) [국역:《삐딱이들을 위한 여성해방 가이드 — 여성차별과 자본주의》, 노동자연대, 2008].

Raymond, Janice G, 1979, *The Transsexual Empire: The Making of the She-Male* (Beacon Press).

Reed, Bernard, Stephenne Rhodes, Pietà Schofield and Kevan Wylie, 2009, "Gender Variance in the UK: Prevalence, Incidence, Growth and Geographic Distribution" (GIRES), www.gires.org.uk/assets/Medpro-Assets/GenderVarianceUK-report.pdf

Roughgarden, Joan, 2004, *Evolution's Rainbow: Diversity, Gender, and Sexuality in Nature and People* (University of California Press)[국역:《진화의 무지개 - 자연과 인간의 다양성, 젠더와 섹슈얼리티》뿌리와이파리, 2010].

Rowbotham, Sheila, 2009, *Edward Carpenter: A Life of Liberty and Love* (Verso).

Satel, Sally, and Scott O Lilienfeld, 2013, *Brainwashed: The Seductive Appeal of Mindless Neuroscience* (Basic Books)[국역:《세뇌: 무모한 신경과학의 매력적인 유혹》, 생각과사람들, 2014].

Scottish Social Attitudes Survey, 2010, www.scotland.gov.uk/publications/2011/08/11121400/

Smith, Sharon, 2013, "Theorising Women's Oppression—Part 1", *International Socialist Review* http://isreview.org/issue/88/theorizing-womens-oppression-part-1

Stone, Sandy, 1992, "The Empire Strikes Back: A Posttranssexual Manifesto", in Epstein, Julia and Kristina Staub (eds), Body Guards: *The Cultural Politics of Gender Ambiguity* (Routledge).

Stryker, Susan, 2008, *Transgender History* (Seal Press) [국역:《트랜스젠더의 역사 — 현대 미국 트랜스젠더 운동의 이론, 역사, 정치》, 이매진, 2016].

Stryker, Susan, and Victor Silverman, 2005 *Screaming Queens: The Riot at Compton's Cafeteria* (film).

Suicide Prevention Australia, 2009, "Position Statement: Suicide and Self-harm among Gay, Lesbian, Bisexual and Transgender communities"

(August) http://suicidepreventionaust.org/wp-content/uploads/2012/01/
SPA-GayLesbian-PositionStatement.pdf

Swain, Dan, 2012, *Alienation: An Introduction to Marx's Theory* (Bookmarks).

Sydney Morning Herald, 2011, "Thai airline hires transsexual flight attendants" (28 January), www.smh.com.au/travel/travel-news/thai-airline-hires-transsexual-flight-attendants-20110128-1a7gv.html

Todman, Lewis, 2013, "RIP Amber Maxwell, A Rebel and a Fighter", *Socialist Alternative* (26 August), http://www.sa.org.au/index.php?option=com_k2&view=item&id=7867:rip-amber-maxwell-a-rebel-and-a-fighter&Itemid=508

Weeks, Jeffery, 2009 [1986], *Sexuality* (Taylor and Francis).

Weeks, Jeffery, 2007, *The World We Have Won: The Remaking of Erotic and Intimate Life* (Routledge).

Whittle, Stephen, Lewis Turner and Maryam Al-Alami, 2007, "Engendered Penalties, The Equalities Review" (10 February), www.pfc.org.uk/pdf/EngenderedPenalties.pdf

Wilson, Colin, 2008, "Michel Foucault: Friend or Foe of the Left?", *International Socialism* 118 (spring), www.isj.org.uk/?id=431

Wilson, Colin, 2011, "Queer Theory and Politics", *International Socialism* 132 (autumn), www.isj.org.uk/?id=759

Wolf, Sherry, 2009, *Sexuality and Socialism: History, Politics, and Theory of LGBT Liberation* (Haymarket Books).